Horizonte

Geschichte

Einführungsphase an

Gesamtschule, Beruflichem Gymnasium,

Abendgymnasium und Kolleg

Niedersachsen

Herausgegeben von
Ulrich Baumgärtner
Klaus Fieberg

Erarbeitet von
Ulrich Baumgärtner
Klaus Fieberg
Iris Hausberger
Stephan Nachtigall
Herbert Rogger
Christian Vaterodt
Wolf Weigand

Mit Beiträgen von
Dagmar Freist
Wolfgang Woelk

westermann

Druck A[7] / Jahr 2023
Alle Drucke der Serie A sind im Unterricht parallel verwendbar.

Redaktion: Christoph Meyer
Herstellung: Udo Sauter
Druck und Bindung: Westermann Druck GmbH, Georg-Westermann-Allee 66, 38104 Braunschweig

ISBN 978-3-14-111399-0

Inhalt

Neue Horizonte?
Ein der Frühen Neuzeit nachempfundener und kolorierter Holzschnitt aus dem 19. Jahrhundert
(erstmals veröffentlicht im Buch „L´Atmosphère: Météorologie populaire" des französischen Astronomen Camille
Flammarion, Paris 1888)

Einführung

„Horizonte" – der Titel dieses Geschichtsbuches ist nicht zufällig gewählt. Der Horizont ist die Linie, die die Erde vom Himmel trennt. Was hinter dem Horizont liegt, ist nicht zu sehen; der Blick reicht nur bis dorthin. Der Horizont verschiebt sich mit dem jeweiligen Standort. Nicht jeder sieht das Gleiche. Was der eine in einem Teil der Erde sieht, sieht der andere in einem anderen Teil nicht. Ähnlich ist es auch mit dem Blick auf die Vergangenheit. Zunächst ist hier zu bedenken: Vieles können wir gar nicht mehr wissen, weil die Quellen nicht mehr vorhanden sind – wenn wir keine Gegenstände, Schriftstücke oder Bilder von einem Sachverhalt haben, so können wir darüber auch nichts in Erfahrung bringen. Der Sachverhalt ist dann nicht nur unsichtbar „hinter dem Horizont", sondern er ist vollständig verschwunden. Ist uns hingegen etwas Vergangenes bekannt, so können wir es gleichwohl nur aus dem Horizont der Gegenwart heraus betrachten, mit unseren heutigen Vorstellungen, die von den damaligen deutlich abweichen können. Unsere Sichtweise hängt also von unserem Standpunkt ab. Aus diesem Grund gibt es auch unterschiedliche Sichtweisen und Beurteilungen der Vergangenheit. Das erste Kapitel zeigt die genannten Zusammenhänge und Probleme auf.

Bei dem Thema „Die Welt im 15. und 16. Jahrhundert" besteht Einigkeit darüber, dass es sich hier um eine Zeit tief greifender Veränderungen handelt. Der Holzschnitt aus dem 19. Jahrhundert (links), der also Jahrhunderte später entstand, bringt dies zum Ausdruck: Ein Mensch aus dem Mittelalter blickt über die ihm bekannte Welt hinaus und entdeckt die Mechanik der Gestirne im Weltall. Das vorliegende Geschichtsbuch thematisiert die Entwicklungen in Politik, Wirtschaft, Gesellschaft und Kultur. Es berichtet von der Entdeckung Amerikas, von der Kirchenspaltung und vom beginnenden Fernhandel, es beschreibt die neu entstehenden Sichtweisen auf den Menschen und die Welt sowie die damit einhergehenden Entwicklungen in der Kunst. Zugleich werden Kontinuitäten wie die ungebrochene Bedeutung der Religion und das Fortbestehen der bisherigen Herrschaftsverhältnisse in den Blick genommen. Wie tief der Wandel tatsächlich ging, was sich einerseits an Neuem entwickelte, was andererseits an Altem bestehen blieb – darüber gibt es unterschiedliche Meinungen. Am Ende ist daher die Frage zu entscheiden, ob der betrachtete Zeitraum wirklich als „Zeitenwende" anzusehen ist.

Das vorliegende Buch vermittelt nicht nur aufbereitetes Wissen, sondern es bietet auch eine Fülle von Quellenmaterialien aus der damaligen Zeit bzw. über sie. Für die Beantwortung der oben genannten Frage ist die Interpretation dieser Materialien von entscheidender Bedeutung. Beim Umgang mit ihnen helfen konkrete Aufgabenstellungen und methodische Anleitungen. Diese zeigen, wie Text- und Bildquellen, Karten und darstellende Texte korrekt und systematisch ausgewertet werden. „Horizonte" ist damit sowohl ein Lehr- als auch ein Arbeitsbuch, das hilft, Geschichte aus dem Horizont der Gegenwart heraus zu verstehen.

„Geschichte ist die geistige Form, in der sich eine Kultur über ihre Vergangenheit Rechenschaft gibt."
(Johan Huizinga)

„Die Weltgeschichte ist auch die Summe dessen, was vermeidbar gewesen wäre."   *(Konrad Adenauer)*

„Geschichte ist die Lüge, auf die man sich geeinigt hat."   *(Voltaire)*

„Wer die Enge seiner Heimat begreifen will, der reise. Wer die Enge seiner Zeit begreifen will, studiere Geschichte."   *(Kurt Tucholsky)*

„Geschichte ist nicht nur Geschehenes, sondern Geschichtetes – also der Boden, auf dem wir stehen und bauen."   *(Hans von Keler)*

„Die Geschichte lehrt die Menschen, dass die Geschichte die Menschen nichts lehrt."
(Mahatma Gandhi)

„Die Geschichte lehrt dauernd, aber sie findet keine Schüler."   *(Ingeborg Bachmann)*

„Nicht die Gewehrkugeln und Generäle machen Geschichte, sondern die Massen."
(Nelson R. Mandela)

M 1 Zitate zum Thema „Was ist Geschichte?"

Was ist Geschichte? Wozu brauchen wir sie?

Was ist Geschichte?

Der Begriff „Geschichte" besitzt zahlreiche Bedeutungen: Zunächst ist eine Geschichte eine bloße Erzählung im Sinne einer Darstellung von Handlungsabläufen und -zusammenhängen, wie sie uns im Alltag ständig begegnet oder wie sie literarisch gestaltet ist. Dann kann „Geschichte" aber auch das vergangene Geschehen insgesamt, „die Gesamtheit aller Vorkommnisse" (Rohlfes) in der Vergangenheit bedeuten. Ferner kann „Geschichte" die Darstellung des Geschehenen selbst meinen, also die Geschichtsschreibung. Nicht zuletzt bezeichnet „Geschichte" das gleichnamige Schulfach als Teil der Allgemeinbildung.

Zugänge zur Geschichte

Es gibt keinen direkten Zugang zur Vergangenheit; diese ist unwiderruflich vorbei. Deshalb re-konstruiert der Historiker vergangenes Geschehen mithilfe überlieferter Quellen. Die schier unerschöpfliche Fülle und Mehrdeutigkeit des historischen Materials zwingt den Historiker dazu, aus dem Horizont der Gegenwart heraus eine Fragestellung zu entwickeln und unter den Quellen eine Auswahl zu treffen. Er gliedert das historische Material, ordnet die Fülle der Fakten und macht begründete Aussagen über Wirkungszusammenhänge, sodass im optimalen Fall ein methodisch gesichertes Bild der Vergangenheit entsteht. Dieses kann das Geschehene allerdings niemals vollständig abbilden und wird – abhängig von der Person und den Fragestellungen des Betrachters – unterschiedlich ausfallen.

Wozu brauchen wir Geschichte?

Es ist ein Merkmal aller menschlichen Kulturen, dass sie sich mit ihrer eigenen Vergangenheit beschäftigen. In dieser Hinsicht gleichen Kulturen dem einzelnen Menschen: Was für den Einzelnen die Biografie ist, das ist für die Gesellschaft das soziale Gedächtnis. In der Auseinandersetzung mit ihrer Geschichte entwickeln soziale Gruppen, zum Beispiel Nationen, ihre Identität.

Die Aneignung der Geschichte folgt offensichtlich einem generationsübergreifenden Bedürfnis nach Selbstvergewisserung und Sinngebung. Mit historischer Sinnbildung ist ein Vorgang gemeint, mit dem der Vergangenheit eine bestimmte Deutung gegeben wird. Die Gesellschaft legt sich dabei ein für sie passendes Bild der Vergangenheit zurecht: Sie gliedert Epochen, „vergisst" Personen oder feiert bestimmte Ereignisse. Eine so entstandene gemeinsame Geschichte kann das Zusammengehörigkeitsgefühl einer Gruppe stärken.

Vergangenheit – Gegenwart – Zukunft

Geschichte stiftet aber nicht nur Identität, sondern sie ermöglicht auch, die Gegenwart in einen Zusammenhang einzuordnen und besser zu verstehen. Geschichte ist immer Vor-Geschichte, bezieht sich also auf die Vergangenheit, die die Gegenwart hervorgebracht hat. Geschichte beinhaltet zudem eine in die Zukunft gerichtete Perspektive, die sich in dem Satz ausdrückt: Nur wer die Vergangenheit kennt, kann die Gegenwart verstehen und die Zukunft gestalten.

Das Placemat-Verfahren

Das Placemat-Verfahren (der englische Begriff placemat bedeutet soviel wie Tischset oder Platzdeckchen) dient dazu, die Arbeit in Kleingruppen zu strukturieren und die Ergebnisse zu vergleichen und zusammenzuführen. Dabei bilden die Schülerinnen und Schüler Dreier- oder Vierergruppen. Jede Gruppe erhält einen großen Bogen aus Papier und teilt diesen so auf, dass jeder Schüler ein eigenes Feld vor sich hat. In der Mitte bleibt ein Feld frei, um dort die Gruppenergebnisse einzutragen.

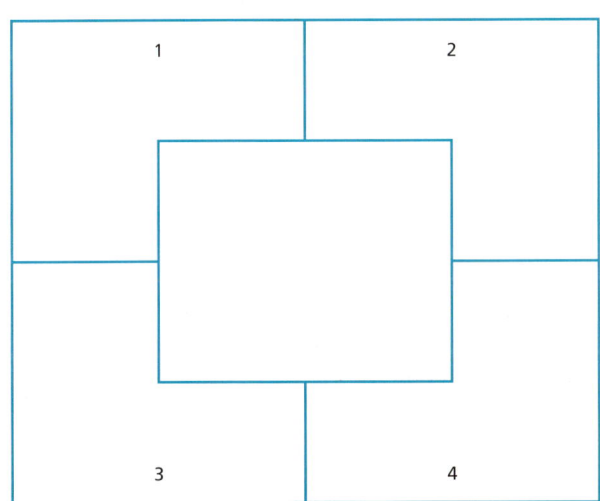

Im ersten Schritt notiert jedes Gruppenmitglied in dem ihm zugewandten Feld seine Antworten, Gedanken oder Fragen zum Thema. In einem zweiten Schritt werden die individuellen Ergebnisse ausgetauscht und verglichen. Dabei kann der Papierbogen so gedreht werden, dass die Gruppenmitglieder nach und nach die Ergebnisse der anderen sehen und nachvollziehen können. In dieser Phase werden die einzelnen Ergebnisse in der Gruppe diskutiert, ergänzt und korrigiert. Am Ende steht ein gemeinsames Arbeitsergebnis, das in dem zentralen Feld in der Mitte des Bogens eingetragen wird. Schließlich stellen die Schülerinnen und Schüler ihre Gruppenergebnisse, die im Mittelfeld des Bogens verzeichnet sind, im Kurs vor.

Führen Sie das Placemat-Verfahren anhand folgender Fragestellung durch: Was ist Geschichte? Wozu brauchen wir sie? Benutzen Sie dafür die oben aufgeführten Zitate.

Geschichte in der Schule im Spiegel von Erlassen und Lehrplänen

M 2 Schulwesen in Preußen

Aus dem „Allerhöchsten Erlass vom 18. Oktober 1890, betreffend die weitere Ausgestaltung des Schulwesens in Preußen":

Seine Majestät der König haben am 1. Mai 1889 nachstehende allerhöchste Ordre an das Staatsministerium zu erlassen geruht:
Schon längere Zeit hat Mich der Gedanke beschäf-
5 tigt, die Schule […] nutzbar zu machen, um der Ausbreitung sozialistischer und kommunistischer Ideen entgegen zu wirken. In erster Linie wird die Schule durch Pflege der Gottesfurcht und der Liebe zum Vaterlande die Grundlage für eine gesun-
10 de Auffassung auch der staatlichen und gesellschaftlichen Verhältnisse zu legen haben. […] Sie muss die neue und die neueste Zeitgeschichte mehr als bisher in den Kreis der Unterrichtsgegenstände ziehen und nachweisen, dass die Staatsge-
15 walt allein dem Einzelnen seine Familie, seine Freiheit, seine Rechte schützen kann […].
Das Staatsministerium hat sich […] über bestimmte Vorschläge zur Ausführung des allerhöchsten Befehls verständigt. Dieselben lauten:
20 […] Die Verordnung wegen des Geschichtsunterrichts schreibt für alle Schulen gleichmäßig vor:
1. die vaterländische Geschichte ist bis zum Regierungsantritt Seiner Majestät weiterzuführen;
2. der Unterricht ist sowohl auf der Mittel- als auch
25 auf der Oberstufe zu geben;
3. in demselben sind auf der Oberstufe die Verdienste der preußischen Herrscher um das Volkswohl besonders hervorzuheben;

4. wo die besonderen Verhältnisse einer Schule Kürzungen nötig machen, dürfen dieselben nicht 30 auf Kosten der Geschichte der neuesten Zeit geschehen, sondern es ist dann ein späterer Ausgangspunkt für die Geschichtserzählung zu wählen.

Zit. nach: Dörte Gernert (Hg.), Schulvorschriften für den Geschichtsunterricht im 19./20. Jahrhundert, Köln u. a. 1994, S. 91.

M 3 Ein Erlass aus der Weimarer Republik

Aus dem „Minister-Erlass vom 15. November 1918":

I. Wo bisher der Geschichtsunterricht mit anderen Lehrfächern dazu missbraucht wurde, Volksverhetzung zu betreiben, hat solches in Zukunft unbedingt zu unterbleiben, vielmehr einer sachgemäßen kultur-historischen Belehrung Platz zu 5 machen. Alle tendenziösen und falschen Belehrungen über den Weltkrieg und dessen Ursachen sind zu vermeiden. […]
II. Aus den Schulbibliotheken sind alle Bücher zu entfernen, welche den Krieg an sich verherrli- 10 chen.
III. In keinem Unterrichtsfache sind seitens der Lehrkräfte abfällige oder entstellende Bemerkungen über die Ursachen und Folgen der Revolution sowie der gegenwärtigen Regierung zu 15 äußern, welche geeignet sind, bei der Schuljugend das Ansehen und die Errungenschaften dieser Volksbefreiung herabzuwürdigen.

Zit. nach: Dörte Gernert (Hg.), Schulvorschriften für den Geschichtsunterricht im 19./20. Jahrhundert, Köln u. a. 1994, S. 118 f.

M 4 Schulklasse in der Weimarer Republik, 1920er-Jahre

M 5 Ein Erlass aus der NS-Zeit

Aus dem „Erlass des Reichsministers für Wissenschaft, Erziehung und Volksbildung vom 15. Dezember 1939":

Die politische Erziehung in der Volksschule gründet sich in erster Linie auf den Geschichtsunterricht, der die Kinder mit Ehrfurcht vor unserer großen Vergangenheit und mit dem Glauben an
5 die geschichtliche Sendung und die Zukunft unseres Volkes erfüllen soll. Er richtet den Blick auf den schicksalhaften Kampf um die deutsche Volkwerdung, bahnt das Verständnis für die politischen Aufgaben unseres Volkes in der Gegenwart an
10 und erzieht die Jugend zum freudigen, opferbereiten Einsatz für Volk und Vaterland.
Zur Erreichung seines politischen Zieles rückt der Geschichtsunterricht das politische Geschehen in den Vordergrund; doch dürfen auch die wirt-
15 schaftlichen und kulturellen Fragen nicht vernachlässigt werden. Dabei sind die im deutschen Volke wirksamen rassischen Grundkräfte vorwiegend nordischer Artung nachdrücklich herauszustellen und vor allem in den großen Leistungen unseres
20 Volkes und seiner Führer lebendig zu machen. Heldischer Geist und der Gedanke des Führertums in germanisch-deutscher Ausprägung sollen den gesamten Geschichtsunterricht erfüllen, die Jugend begeistern und den Wehrwillen wecken
25 und stärken. An geeigneten Stellen ist den Kindern, vor allem in Mädchenklassen, auch vorbildliches deutsches Frauentum vor Augen zu führen. [...] Die jüngste Vergangenheit (Weltkrieg, Zusammenbruch und Erwachen der Nation, Schaffung
30 und Sicherung des Großdeutschen Reiches) ist besonders eingehend zu behandeln, weil in ihr die Kräfte erkennbar werden, die den Aufbau des Dritten Reiches gestaltet haben. Die Geschichte der nationalsozialistischen Bewegung schließt an
35 die Person des Führers an und erweist sich als sein Werk.

Zit. nach: Dörte Gernert (Hg.), a. a. O, S. 139 ff.

M 6 Eine „Unterrichtshilfe" aus der DDR

Aus den „Unterrichtshilfen Geschichte 7. Klasse" (1975):

Die erzieherische Seite des Geschichtsunterrichts wird [...] insgesamt als ideologische Erziehung gesehen, deren ineinandergreifende Bereiche der weltanschauliche, der politische und der moralische Bereich sind. Weltanschaulich geht es in
5 Klasse 7 vornehmlich um die Vertiefung von in Klasse 5 und 6 angebahnten Einsichten in die Triebkräfte des gesellschaftlichen Fortschritts sowie in die Rolle der Volksmassen und des Klassenkampfes im historischen Prozess. Die weltan-
10 schaulichen Erkenntnisse über die Entwicklung vom Niederen zum Höheren sollen an Stoffen aus der Periode des Übergangs vom Feudalismus zum Kapitalismus erweitert und vertieft werden, sodass erste Einsichten in die historische Notwendigkeit
15 sozialer Revolutionen gewonnen werden können. Ferner sind die Erkenntnisse über das Wesen der Ausbeutergesellschaft zu vertiefen, um grundlegende Einsichten in die Notwendigkeit des Klassenkampfes des Proletariats gegen die Bourgeoi-
20 sie ableitbar zu machen.

Unterrichtshilfen Geschichte 7. Klasse, ausgearbeitet von Horst Diere (Kollektivleiter), Erika Borsche u. a., Verlag Volk und Wissen, Volkseigener Verlag, Berlin 1975, S. 7.

M 7 Kerncurriculum aus Niedersachsen

Aus dem „Kerncurriculum für das Gymnasium, die Gesamtschule, das Berufliche Gymnasium, das Abendkolleg und das Kolleg" (2011):

Der Geschichtsunterricht ist dem Grundgesetz der Bundesrepublik Deutschland, der Niedersächsischen Verfassung sowie dem Niedersächsischen Schulgesetz verpflichtet. Er leistet einen wesentlichen Beitrag zur Ausbildung der persönlichen
5 Identität und zur sozialen Orientierung und somit zur Teilhabe an der Gesellschaft. Aus der Beschäftigung mit Geschichte erwächst die Fähigkeit, die geschichtliche Bedingtheit der eigenen Person und die der sie umgebenden Welt zu erkennen
10 und zu bewerten, aber auch den Konstruktionscharakter interessengeleiteter historischer Erklärungen und Modelle. [...] Geschichtsunterricht stärkt die Fähigkeit zur Empathie, bietet die Möglichkeit zur Identifikation mit vorbildhaften Per-
15 sonen, vermittelt aber auch die Fähigkeit zur kritischen Distanz.
Zentrales Ziel des Geschichtsunterrichts ist die Entwicklung der Fähigkeit, Fertigkeit und Bereitschaft historisch zu denken. Historisches Denken
20 zeigt sich in der Fähigkeit zur Untersuchung, Klärung und Darstellung geschichtlicher Phänomene und zur Deutung von Zusammenhängen und Zeitverläufen. Dies fördert die Bereitschaft am historischen Diskurs und zur Mitgestaltung von Gegen-
25 wart und Zukunft.

Kerncurriculum für das Gymnasium – gymnasiale Oberstufe –, die Gesamtschule – gymnasiale Oberstufe –, das Berufliche Gymnasium, das Abendgymnasium, das Kolleg, hrsg. vom Niedersächsischen Kultusministerium, Hannover 2011, S. 7 (www.cuvo.nibis.de).

Wozu brauchen wir Geschichte? – Perspektiven erfassen

> **M 8** Ein Experteninterview

Der Historiker Prof. Johannes Fried erläutert in einem Interview die Arbeit und das Selbstverständnis der Geschichtswissenschaftler (11. Oktober 2003):

Frage: Wozu brauchen wir Geschichte?

Fried: Das ist eine Frage, die zum Philosophieren anregt. Wir haben einerseits immer eine gewisse Neugier darauf, was war, was die Vorfahren getan
5 haben, wie Amerika entdeckt wurde. Da spielen Spannung und Abenteuer mit. Das ist also mehr oberflächlich. Tiefer reicht es, wenn wir die eigene Gegenwart analysieren wollen: Was passiert? Warum gerade jetzt? Da kommen wir nicht umhin,
10 nach den Ursachen in der Vergangenheit zu suchen. […]

Frage: Lebt, wer Geschichte nicht kennt, im Dunkeln?

Fried: In gewisser Weise ja. Weil er nicht weiß,
15 woher er kommt. Er weiß auch mit der Geschichte nicht, wohin er geht. Aber er weiß durch sie etwas besser, wo er steht. Und wer weiß, wo er steht, verhält sich anders als jemand, der das nicht weiß.

20 Frage: Man wird sich seiner Geschichte bewusst. Und das ist dann Geschichtsbewusstsein?

Fried: Darunter verstehe ich die Fähigkeit, sich selbst und seine Gesellschaft in ihrem Gewordensein zu begreifen.

25 Frage: Braucht das jeder?

Fried: Ja. Denn alle Werte, die wir haben, sind nicht aus heiterem Himmel gefallen. Vor den Menschenrechten gab es eine lange Geschichte der Sklaverei, und dadurch bekommen diese Rechte
30 eine bestimmte Tiefendimension. Hinter jeder Norm, hinter jedem Wert, hinter jedem Urteil steckt menschliche Erfahrung.

Frage: Daraus kann man lernen, soll man lernen?

Fried: Ja. Wir lernen immer aus der Geschichte.
35 Wir lernen nur aus der Geschichte, weil alles historisch ist. Es heißt ja oft, niemand lerne aus der Geschichte. Ich sage: Wir lernen immer und nur aus der Geschichte. Alles, was ich weiß, alles, was ich mache, basiert auf meiner eigenen historischen
40 Erfahrung.

Frage: Man hat also immer Geschichte im Kopf?

Fried: Ja, bewusst oder unbewusst. Die konkrete Situation wird vergessen, aber die Erfahrung, die ich gemacht habe, bleibt. Die sitzt tief.

45 Frage: Heißt das für den Historiker: Er rekonstruiert die Vergangenheit nicht um ihrer selbst willen, sondern wegen ihrer Auswirkungen auf uns heute?

Fried: Wegen der Auswirkungen auf uns und wegen des Nutzens, den es hat, sich mit mensch-
50 licher Erfahrung auseinander zu setzen. Die Geschichte ist das größte Reservoir menschlicher Erfahrung, über das wir verfügen. Der Historiker ist der Spezialist, der diese Erfahrung wieder erfahrbar, erinnerbar macht. […]
55 Frage: Kann die Geschichtswissenschaft der Gegenwart Gesetzmäßigkeiten liefern?

Fried: Ja und nein. Zuerst das Nein: Wenn wir wissen, wie Cäsar sich verhalten hat, können wir nicht wissen, wie Napoleon sich verhalten wird. Wir
60 können auch aus beider Verhalten nicht das Verhalten eines anderen Herrschers voraussagen. Andererseits kann keine Prognostik auf Vergangenheitserfahrung verzichten.

Alle Prognosen sind Erfahrungen aus der Vergan-
65 genheit, die in die Zukunft verlängert werden. Es gibt Bereiche, die eine gewissen Stabilität des Verhaltens aufweisen, andere, wo sie weniger oder gar nicht vorhanden ist. Wie erklären wir das? Unser Verhalten ist gehirnmäßig gesteuert. Wir
70 wissen aber noch nicht, wie das Gehirn funktioniert. […]

Frage: Umso schwieriger ist es doch, aus dem vergangenen Handeln anderer das zu ermitteln, was sich für unser künftiges Handeln zu wissen lohnt.
75 Fried: Der Historiker untersucht zunächst das vergangene Handeln, indem er fragt: Was ist geschehen? Welche Kräfte waren wirksam? Welche Folgerungen ergeben sich daraus – zunächst einmal für das vergangene Handeln selbst? Von dieser
80 Ebene kann ich versuchen zu abstrahieren: Gibt es Erfahrungen für zeitloses menschliches Handeln?

Frage: Und wenn es die gibt, kann der Historiker dann Handlungsanweisungen für die heutige Praxis liefern oder stellt er durch Wenn-Dann-Ver-
85 mutungen eher Entscheidungshilfen zur Verfügung?

Fried: Aufgrund der Spontaneität menschlichen Verhaltens kann ich nie sicher sagen, was künftig geschehen wird. […] Wenn alle Faktoren so blei-
90 ben wie zu einem bestimmten Zeitpunkt, kann ich sagen, dass dies oder jenes geschieht. Weil aber nie alle Faktoren so bleiben, kommt es darauf an zu erforschen, welche Faktoren sich verändern.

Aus: „Neue Zürcher Zeitung" vom 11.10.2003, mit dem Frankfurter Mediävisten sprach AZ-Redakteur Peter Pappert.

Erinnern oder vergessen?

Der Althistoriker Christian Meier über die Frage, wie mit vergangenem Unrecht umgegangen wurde (1996):

„Die Erinnerung darf nicht enden; sie muß auch künftige Generationen zur Wachsamkeit mahnen"– so heißt es in der Proklamation, durch die der Bundespräsident zu Anfang dieses Jahres den
5 27. Januar zum „Tag des Gedenkens an die Opfer des Nationalsozialismus" erklärt hat. „Wer sich der Unmenschlichkeit nicht erinnern will, der wird wieder anfällig für neue Ansteckungsgefahren", hatte Richard von Weizsäcker in seiner Rede zum
10 8. Mai 1985 gesagt. Zwei Zitate aus einer unendlich langen Reihe: Ohne Erinnerung an die beispiellosen Untaten des nationalsozialistischen Deutschlands, so die weitverbreitete Überzeugung unserer Tage, erwächst die Gefahr der Wie-
15 derholung.
Ganz anders liest man es im ersten Artikel eines Vertrags aus dem Jahr 851. Dort bekunden die Parteien ihre Absicht: „[…] daß aller vergangenen Übel" – und nun folgt eine Aufzählung verschie-
20 dener Arten von Schädigungen und Betrügereien – „eine Aufhebung (abolitio) geschähe, zwischen uns und bei uns, und daß all dies aus unseren Herzen gründlich herausgerissen werde mitsamt aller Bosheit und allem Groll – derart, daß künftig
25 nichts davon ins Gedächtnis, nämlich daß es nicht zur Vergeltung des Übels", der Widerwärtigkeiten etc. komme.
Einmal soll Erinnerung also der Wiederholung des Bösen vorbeugen, das andere Mal will man die
30 Erinnerung geradezu aus den Herzen reißen, weil man befürchtet, daß sie das Böse neuerdings erzeuge.
Sieht man sich sonst in der Geschichte um, so findet man […] vor allem Zeugnisse für das Letztere:
35 Immer wieder wird beschlossen, vereinbart, eingeschärft, daß Vergessen sein soll, Vergessen von vielerlei Unrecht, Grausamkeit, Bösem aller Art. So in einer langen Reihe von Friedensverträgen. Noch anlässlich des Türkischen Friedens von Lausanne 1923 [mit Griechenland] wird ein Amnestieab- 40 kommen geschlossen, dessen Präambel den Wunsch ausdrückt, Vergessen über die „Ereignisse, die den Frieden im Orient gestört haben", zu breiten.
Entsprechend urteilt Cicero in einer Rede, die er 45 zwei Tage nach Caesars Ermordung, also am 17. März 44 vor Christus, im römischen Senat hält: alle Erinnerungen an die mörderischen Zwieträchtigkeiten seien durch ewiges Vergessen zu tilgen. Auf diese Weise will er die „Fundamente des Frie- 50 dens" legen und das Beispiel der Athener, die berühmte Amnestie von 403 [nach dem Krieg mit Sparta] erneuern. Damals war es um die Beendigung eines Bürgerkriegs gegangen. Den Griechen wird auch jenes Wort verdankt, das ursprünglich 55 einfach „Nicht Erinnern" heißt: Amnestie. Es begegnet seit dem 2. Jahrhundert vor Christus. […] Gegenbeispiele habe ich nur in der Geschichte der Juden gefunden, unter denen vom Deuteronomion [5. Buch Mose in der Bibel] bis in unsere Tage 60 ständig und intensiv das Gebot der Erinnerung eingeschärft worden ist. „Hüte Dich, daß Du des Herrn vergissest, der Dich aus dem Lande Ägypten herausgeführt hat." Aber auch das Schlimme soll erinnert werden, sowohl das erlittene – „Und Du 65 sollst daran denken, daß Du Sklave warst im Lande Ägypten" – wie das selbst angerichtete: „Denk daran und vergiß es nicht, wie Du den Herrn, Deinen Gott, in der Wüste erzürntest!"
„Denk an die Tage der Vergangenheit", wird ein- 70 geschärft, „frage Deinen Vater, er wird es Dir erzählen, frage die Alten, sie werden es Dir sagen". […] „Das Vergessenwollen verlängert das Exil, und das Geheimnis der Erlösung heißt Erinnerung", sagt eine jüdische Weisheit. 75

Christian Meier, Erinnern–Verdrängen–Vergessen, in: Merkur, Nr. 9/10, 1996, S. 937 f.

Aufgaben

1. a) Arbeiten Sie aus den Erlassen und Lehrplänen heraus, welche Ziele jeweils mit dem Geschichtsunterricht verfolgt wurden bzw. werden sollen.
   b) Ordnen Sie die Erlasse und Lehrpläne in den historischen Zusammenhang ein.
   c) Nehmen Sie zu den Schulvorschriften für den Geschichtsunterricht Stellung. → M2–M7

2. Verfassen Sie einen Leserbrief zu dem Interview mit Prof. Fried, in dem Sie sich mit den Aussagen des Historikers auseinandersetzen.
   → M8

3. Arbeiten Sie heraus, welche Funktionen das Erinnern bzw. das Vergessen haben können, und nehmen Sie dazu Stellung.
   → M9

Umgang mit Geschichte – Ein Beispiel

Streit um das Reiterstandbild am Deutschen Eck in Koblenz

Als im Herbst 1993 am Deutschen Eck in Koblenz eine Nachbildung des Reiterstandbilds Wilhelms I. nach 48 Jahren wieder auf den Sockel gehievt wurde, sorgte dieses Ereignis weit über die Stadtgrenzen hinweg für Diskussionen. Sollte man am Ende des 20. Jahrhunderts ein Denkmal errichten, das einen unzeitgemäßen Kaiserkult symbolisierte, oder sollte einfach nur ein Denkmal wieder aufgebaut werden, das von 1897 bis zum März 1945 an gleicher Stelle stand?

Das erste Denkmal

Nach dem Tod Kaiser Wilhelms I. 1888 schlugen einige Koblenzer Bürger vor, dem verstorbenen Kaiser ein Denkmal zu errichten, hatte Wilhelm doch als preußischer Kronprinz für acht Jahre in Koblenz gelebt. Eine Geldsammlung unter den Bürgern der Stadt erbrachte aber „nur" 80 000 Reichsmark, was für den angedachten Bau niemals ausgereicht hätte. Doch auch der Landtag der Rheinprovinz unterstützte die Bürgeridee mit öffentlichen Mitteln von einer Million Reichsmark. Kaiser Wilhelm II. war es schließlich, der dem Projekt seine Zustimmung gab, das Deutsche Eck als Standort auswählte und zur Einweihung des Denkmals am 31. August 1897 Koblenz besuchte. Das Denkmal war insgesamt 37 Meter hoch, wobei das Reiterstandbild alleine 14 Meter umfasste. Geplant wurde es von dem Architekten Bruno Schmitz, der zu seinen Lebzeiten ein Experte für monumentale Denkmäler war, plante er doch etwa auch das Kaiser-Wilhelm-Denkmal an der Porta Westfalica oder das Völkerschlachtdenkmal in Leipzig.

Das Denkmal am Deutschen Eck gibt darüber Auskunft, wie das Deutsche Reich Ende des 19. Jahrhunderts über Wilhelm I. dachte bzw. ihn sehen wollte. Das Denkmal diente nicht nur zur Verherrlichung des „Einheitskaisers" von 1871, sondern es hatte in seiner Ausrichtung auch eine eindeutig antifranzösische Tendenz. Das Standbild des Kaisers und die ihm gegenüberliegende Festung Ehrenbreitstein sollten dem „Erbfeind" die deutlichen Grenzen am Rhein aufzeigen, der seit den Befreiungskriegen immer stärker als nationales, als „deutsches" Eigentum angesehen und glorifiziert wurde.

Am 16. März 1945 wurde das Denkmal von einer amerikanischen Granate zerstört und fand für acht Jahre keine Verwendung. Am 18. Mai 1953 wurde auf dem noch vorhandenen Sockel die Bundesfahne gehisst und unter Anwesenheit des Bundespräsidenten Theodor Heuss der Sockel zum Mahnmal für die deutsche Einheit umfunktioniert. Eine Funktion, die er bis Anfang der 1990er-Jahre und nach der Wiedervereinigung beibehielt.

Das zweite Denkmal

Die Spende eines Koblenzer Verlegers sicherte die Finanzierung der Wiederrichtung des alten Denkmals. Die von dem Düsseldorfer Bildhauer Raimund Kittl erstellte Nachbildung wurde dann ausgerechnet am 2. September 1993 auf den Sockel gehoben. Dies war im Kaiserreich der Tag von Sedan, der als Feiertag anlässlich des Sieges über Frankreich im Krieg von 1870/71 begangen wurde. Am 25. September 1993 konnte das Denkmal schließlich wieder eingeweiht werden.

M 1 Das Reiterstandbild Kaiser Wilhelms I. am Deutschen Eck in Koblenz, 2008

„Träger der Geschichtskultur"

Die Historikerin Maria Würfel schreibt über die Funktion von Denkmälern des 19. und 20. Jahrhunderts (2009):

Politische Denkmäler dieser Zeit haben mit allen anderen gemeinsam, dass sie Träger der Geschichtskultur einer Epoche sind . […] Gerade die Spiegelung des kollektiven Gedächtnisses – der Gesamt-
5 heit des gesellschaftlichen Denkens – ist ein verlässliches Kriterium für die Abgrenzung dieser gezielt errichteten Denkmäler von den Bau- und Kunstdenkmälern, die ohne eine solche Ausrichtung auf uns gekommen sind. […]
10 Beim Denkmal wurde und wird nichts dem Zufall überlassen, weder das, was das Denkmal sagt, noch das, was es – verschweigt. Es kann sehr wortkarg, ja nahezu stumm bleiben, wenn der Betrachter seine Sprache nicht versteht.

Maria Würfel, Denkmäler im Geschichtsunterricht, in: Geschichte für heute. Zeitschrift für historisch-politische Bildung, 2. Jg. 2009, Heft 1, S. 5–19, hier: S. 6–7.

M 3 **„Ein Faustschlag aus Stein"**

Der Schriftsteller und Satiriker Kurt Tucholsky berichtet über seine erste Begegnung mit dem ursprünglichen Wilhelm-Denkmal auf einer Moselreise im Jahr 1930:

Wir gingen auf der breiten, baumbestandenen Allee; vorn an der Ecke war eine Fotografenbude, sie hatte Bilder ausgestellt, die waren braun wie alte Daguerrotypien [Fotografien auf Metallplat-
5 ten], dann standen da keine Bäume mehr, ein freier Platz, ich sah hoch […] und fiel beinahe um. Da stand – Tschingbumm! – ein riesiges Denkmal Kaiser Wilhelms des Ersten: ein Faustschlag aus Stein. Zunächst blieb einem der Atem weg. […] Das Ding
10 sah aus wie ein gigantischer Tortenaufsatz und repräsentierte jenes Deutschland, das am Kriege Schuld gewesen ist – nun wollen wir sie dreschen! In Holland. Zunächst ist an diesem Monstrum kein leerer Fleck zu entdecken. Es hat die Ornamenten-Masern. Oben jener, auf einem Pferd, was: Pferd! 15 auf einem Ross, was: Ross! auf einem riesigen Gefechtshengst wie aus einer Wagneroper, hoihotoho! Der alte Herr sitzt da und tut etwas, was er all seine Lebtage nicht gemacht hat: Er dräut [droht] in die Lande, das Pferd dräut auch, und wenn ich mich 20 recht erinnere, wallt irgendeine Frauensperson um ihn herum und beut [bietet] ihm etwas dar. […] Aber könnt ihr euch denken, dass sich jemals eine Regierung bereit fände, einen solchen gefrorenen Mist abzukarren? Im Gegenteil: Sie werden gar 25 bald ein neues Mal errichten: das Reichsehrenmal. Wenn es errichtet ist, werden rotzgenäste Knaben hingehn und es uns erklären: Die Gastwirtschaften ringsherum werden voll sein, und in den Massengräbern zu Nordfrankreich wird sich ein Geraune 30 erheben: „Wofür –? Dafür."

Denkmal am Deutschen Eck, in: Kurt Tucholsky, Gesammelte Werke 1930 (Bd. 8), hrsg. von Mary Gerhold-Tucholsky/Fritz J. Raddatz, Hamburg 1985, S. 20–23.

M 4 **„ahistorisch und naiv"**

Der damalige CDU-Kultusminister von Rheinland-Pfalz, Georg Gölter, äußerte sich wie folgt zur Neuerrichtung des Denkmals (1993):

Ich kann […] nicht nachvollziehen, wie die Wiederherstellung eines Denkmals von 1897 heute als zeitgemäß oder Ausdruck deutschen Einigungswillens verstanden werden sollte. […] Es ist ahistorisch, apolitisch und in weiten Teilen auch naiv, 5 heute zu meinen, man könne eine Gestaltung finden, die das monarchische Verständnis der Wilhelminischen Zeit (dies ist ohne jeden Vorwurf formuliert) mit der schwarz-rot-goldenen Tradition verbindet, also mit dem Hambacher Fest, der 10 Frankfurter Paulskirchen-Versammlung, der Versammlung von Weimar und der Tradition der Bundesrepublik Deutschland.

Zit. nach: René Wagner, Das Deutsche Eck. Späte Heimkehr: Der Kaiser am Rhein, in: Magazin der FAZ, 29.1.1993, S. 16.

Aufgaben

1. Tragen Sie Fotos und Abbildungen vom Deutschen Eck in Koblenz zusammen und diskutieren Sie in der Klasse darüber, wie das Denkmal auf Sie wirkt.
   → M1, Internet, Bibliothek

2. Sammeln Sie Argumente, die für oder gegen dieses Denkmal sprechen. Entwerfen Sie Alternativen für ein Denkmal am Deutschen Eck.
   → M1–M4

3. Versetzten Sie sich in die Situation eines Franzosen, der 1910, 1930, 1950 und im Jahr 2000 nach Koblenz kommt und zum ersten Mal das Denkmal sieht. Verfassen Sie entsprechende Tagebucheinträge. → M1–M4

4. Informieren Sie sich über historische Denkmäler in Niedersachsen. Entwerfen Sie eine Wandzeitung, in der Sie ausgewählte Denkmäler vorstellen und kommentieren.

Quellen als Grundlage historischer Erkenntnis

Quellen und Quellengattungen

Der Zugang zur Geschichte erfolgt naturgemäß über Zeugnisse menschlichen Handelns. Historiker sprechen dabei von „Quellen", die den Ausgangspunkt historischer Erkenntnis darstellen. Quellen sind für den Geschichtswissenschaftler „alle Texte, Gegenstände oder Tatsachen, aus denen Kenntnis der Vergangenheit gewonnen werden kann" (Paul Kirn).

Die Quellengattungen sind außerordentlich vielgestaltig. Bei schriftlichen Quellen ist zum Beispiel zu unterscheiden zwischen Chroniken, Biografien, Autobiografien, Verträgen, Gesetzen, Urkunden, Akten, Briefen, Testamenten oder Zeitungen. Als Bildquellen gelten beispielsweise Gemälde, Fotografien oder filmische Quellen; gegenständliche Quellen sind Bauwerke, Denkmäler, Orden, Werkzeuge oder Geräte aller Art.

M 1   Mittelalterliche Urkunde
Städtebündnis gegen den König von Dänemark und die Seeräuber aus dem Jahr 1361 mit den Siegeln von Lübeck, Wismar, Rostock, Stralsund, Greifswald, Stettin, Kolberg und Anklam (von links nach rechts)

M 2   Kanalarbeiten in Gelsenkirchen
Fotografie, 1912

M 3   „4711 – Mein liebstes Geschenk"
Werbeanzeige, 1950

M 4   „Samstags gehört Vati mir"
Plakat des DGB, 1955

Verfügbarkeit von Quellen

Quellen stehen uns nicht für alle Epochen in gleichem Maße zur Verfügung. Während insbesondere seit der Erfindung des Buchdrucks im 15. Jahrhundert eine ungeheure Vermehrung des schriftlichen Quellenmaterials festzustellen ist, nimmt die Quellendichte in Bezug auf weiter zurückliegende Zeiten deutlich ab. Für die frühesten Zeiten menschlicher Geschichte stehen keine schriftlichen Aufzeichnungen zur Verfügung. Hier kommt den Sachquellen eine entscheidende Bedeutung zu.

Die Möglichkeit des Historikers, auf der Basis von Quellen Aussagen über die Vergangenheit zu treffen, wird allerdings auch durch den Umstand beeinflusst, dass nicht jede soziale Gruppe gleichermaßen Spuren hinterlassen hat. So wissen wir heute zum Beispiel mehr über mittelalterliche Könige und Bischöfe als über den „gemeinen Mann". Dies liegt darin begründet, dass der Klerus in bestimmten geschichtlichen Zeitabschnitten eine Art „Informationsmonopol" besaß, infolgedessen die Nachwelt viel über die geistig-religiösen Aspekte des Mittelalters weiß, wenig hingegen über den Alltag eines durchschnittlichen Landarbeiters.

Quellen und Darstellungen

Grundsätzlich unterscheidet man zwischen Quellen und historischen Darstellungen. Quellen sind Zeugnisse aus erster Hand, die folglich eine große Nähe zum Geschichtsereignis aufweisen. Bei Geschichtsdarstellungen handelt es sich hingegen um Texte eines Historikers, die in der Regel auf der Grundlage von Quellen verfasst werden. Die Unterscheidung zwischen Quelle und Darstellung ist allerdings nicht substanzieller Natur. Das wird insbesondere bei Darstellungen deutlich, die älteren Datums sind und die heute wie eine Quelle verwendet werden. Die „Geschichte des Peloponnesischen Krieges" des griechischen Geschichtsschreibers Thukydides (ca. 460 bis 400 v. Chr.) zum Beispiel ist streng genommen eine Darstellung, wird aber heutzutage als Quelle aufgefasst.

Tradition und Überrest

Auf den Historiker Johann Gustav Droysen (1808–1884) geht eine Einteilung von historischen Quellen in „Tradition" und „Überrest" zurück: Quellen aus dem Bereich der Tradition werden der Nachwelt zum Zweck der Erinnerung hinterlassen. Ihre bewusste Absicht ist es, das Bild der Nachwelt zu beeinflussen. Quellen aus dem Bereich des Überrests sind dagegen unbeabsichtigt entstanden und entstammen beispielsweise aus dem Alltags-, Rechts- oder Geschäftsleben. Quellen dieser Gattung sind nicht mit der Absicht entstanden, der Nachwelt ein bestimmtes Bild der eigenen Zeit zu vermitteln.

In jüngster Zeit ist Droysens Unterscheidung von der modernen Kulturwissenschaft unter den Begriffen „Dokument" und „Monument" wieder aufgegriffen worden: Hiernach sind Monumente absichtlich überlieferte Quellen, die Botschaften an spätere Generationen enthalten. Dokumente hingegen sind unbeabsichtigt überlieferte Quellen, die Spuren vergangener Wirklichkeiten enthalten und die erst durch einen Perspektivenwechsel zwischen Teilnehmer (aus der Zeit, aus der ein Überrest stammt) und Betrachter (in der Gegenwart) als Zeichen wahrgenommen werden.

Eine Quelle in unterschiedlicher Gestalt und ihre wissenschaftliche Einordnung

M 5 Das Tagebuch des Peter Hagendorf

a) Mitte der 1980er-Jahre entdeckte Prof. Dr. Jan Peters in der Preußischen Staatsbibliothek Berlin ein Schreibheft mit Aufzeichnungen eines anonymen Autors über dessen Erlebnisse während des Dreißigjährigen Krieges (1618–1648). Der Verfasser war ein Söldner namens Peter Hagendorf, der sich vom Gefreiten zum Hauptmann einer Kompanie hochgearbeitet hatte. Das Tagebuch gilt seither als eine Quelle von unschätzbarem Wert, denn es berichtet über den Alltag während eines der verheerendsten Kriege, die Europa je erlebt hat. Ausschnitt aus der Handschrift als Faksimile:

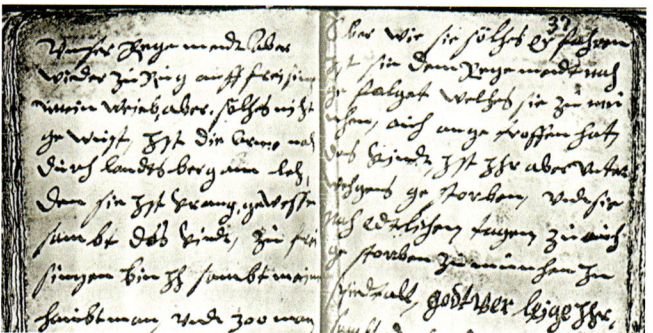

b) Wörtliche Übertragung eines Ausschnittes aus der Handschrift:

[…], den 20 Meige, haben wir mit ernst angesedtzet vndt gesturmet vndt auch erobert, da bin Ich mit sturmer handt ohn allen schaden, In die stadt kommen, Aber in die stadt am neistadter tohr bin
5 Ich 2 Mal durch den leieb geschossen worden das Ist meine beute gewesen
Dieses Ist geschehen den 20 Meige dessen 1631 gars frumorgens vmb .9. vhr.
Nachher bin Ich In das leger gefuhret worden,
10 verbunden, den einmal, bin Ich durch den bacuh, forne durch (durch) geschossen, zum andern durch beide agslen, das die Kugel, Ist In das Hembte gelehgen, Also hat mir der Feldtscher, die hende auff den Rugken gebunden, das er hat können
15 Meissel, einbringen, Also bin Ich In meiner hudten gebracht worden, halb todt,
Ist mir doch von herdtzen leit gewessen das die stadt so schreglich gebrunnen hat wehgen der schönen stadt, vndt das es meines vaterlandes Ist,
20 wie Ich nun verbunden bin, Ist mein weieb In die stadt gegangen, da sie doch vber all gebrunnen hat, vndt hatt wollen ein kussen holen, vndt tucher zu verbinden, vndt wo auff Ich liegen köndte.

c) Die Übertragung ins heutige Deutsch lautet:

Den 20.Mai haben wir mit Ernst angesetzt und gestürmt und auch erobert. Da bin ich mit stürmender Hand ohne allen Schaden in die Stadt gekommen. Aber in der Stadt, am Neustädter Tor, bin ich 2 mal durch den Leib geschossen worden, 5 das ist meine Beute gewesen.
Dieses ist geschehen den 20. Mai im Jahr 1631 frühmorgens um 9 Uhr.
Nachher bin ich in das Lager geführt worden, verbunden, denn einmal bin ich durch den Bauch, 10 vorne durchgeschossen worden, zum andern durch beide Achseln, sodass die Kugel ist in dem Hemd gelegen. Also hat mir der Feldscher [Militärarzt] die Hände auf den Rücken gebunden, damit er hat können den Meißel einbringen. So bin ich 15 in meine Hütte gebracht worden, halbtot.
Ist mir doch von Herzen leid gewesen, daß die Stadt so schrecklich gebrannt hat, wegen der schönen Stadt und weil es meines Vaterlandes ist. 20
Wie ich nun verbunden bin, ist mein Weib in die Stadt gegangen, obwohl sie überall gebrannt hat, und hat wollen ein Kissen holen und Tücher zum Verbinden und worauf ich liegen könnte.

Jan Peters (Hg.), Ein Söldnerleben im Dreißigjährigen Krieg. Eine Quelle zur Sozialgeschichte, Berlin 1993.

M 6 Eine Einordnung

Aus einem Interview mit Prof. Dr. Jan Peters über das Tagebuch des Peter Hagendorf:

Frage: Herr Professor, Sie haben in der Sammlung „Preußischer Kulturbesitz", und zwar in der Handschriftensammlung, ein Tagebuch eines Söldners aus dem 30-jährigen Krieg wiederentdeckt. Meine Frage: […] Was ist das Besondere an diesem Tage- 5 buch?
Prof. Peters: Da war schon die Tatsache besonders, dass ein einfacher Söldner schriftliche Aufzeichnungen über sein Leben und über das, was er erlebte, während des Krieges gemacht hat. […] 10 Denn die sonstigen schriftlichen Hinterlassenschaften aus dieser Zeit sind entweder in behördlichem Zusammenhang entstanden oder beziehen sich auf Briefe bedeutender Männer, Heerführer, die jeder kennt. Aber diesen Mann kennt keiner. 15 […] Frage: Zu Anfang Ihrer Recherche und Ihrer wissenschaftlichen Forschung stand ja der Name des Tagebuchschreibers nirgendwo verzeichnet.

Mittlerweile wissen wir, dass es ein Peter Hagendorf
20 war. Und jetzt interessiert es mich natürlich bren-
nend, wie Sie das herausgefunden haben.
Prof. Peters: […] Wenn er hier mitteilt, im Städt-
chen soundso hat er geheiratet, das ist dreimal
geschehen, und er hat ein Kind in einem anderen
25 Ort, er ist Vater geworden, dann müsste das doch
in den Kirchenbüchern stehen. Wenn er genau ist
im Datum, dann müsste man auch das genaue
Datum im Kirchenbuch wiederfinden, und wenn
der Pfarrer ebenso genau war, den Namen von
30 Vater und Mutter. So bin ich auf diesen Namen
gekommen. Ich habe […] über hundert Pfarrar-
chive angeschrieben. Dann schließlich ist dieser
Name als sehr wahrscheinlich herausgekommen.
Frage: Peter Hagendorf war ein Söldner, der,
35 soweit ich weiß, von Beginn an dabei war bis zur
bitteren Neige. In einem unserer Vorgespräche
haben Sie gesagt, es scheinen Teile des Tagebuchs
erst danach entstanden zu sein oder berichtigt
worden zu sein.
40 Prof. Peters: Er hat dieses Tagebuch nicht gerade
bei dem offiziellen Kriegsbeginn 1618, sondern
erst sieben Jahre später zu führen begonnen. […]
Es sind ja nicht, da haben Sie schon Recht, nicht
übliche Tagebuchaufzeichnungen, in dem uns
45 bekannten Sinne, sondern es sind oft nachträg-
liche Niederschriften, die auch wahrscheinlich
Korrekturen enthalten. Man kann davon ausge-
hen, dass er mit den Kugeln um die Ohren flie-
gend auch nicht die Muße hatte, um sich da hin-
50 zusetzen und irgendwas zu Papier zu bringen.
Wozu er übrigens in der Lage war […], weil er
vermutlich eine sehr gute Schule in einer Stadt
besucht hatte. […] Die Tatsache, dass er Schreiben
konnte, prädestinierte ihn zu einer Sonderstel-
55 lung im Heer. Er musste nicht immer unter den
„beschossenen Knechten", wie es hieß, an vorderster Front stehen. Man brauchte auch Leute, die
Schreiben konnten, Briefe aufsetzen, Rechnungen
zusammenstellen, […] und das hat er gemacht;
60 Kranke und Verwundete betreuen, und die Rechnungen und Ausgaben führen, die mit dieser

Betreuung im Zusammenhang standen. Das gab
ihm die Möglichkeit, in Ruhepausen zusammen-
zufassen, was er an Notizen vorher gemacht hatte. So zumindest scheint es, denn das Buch insge- 65
samt gesehen wirkt relativ geschlossen und gut
durchdacht. […]
Frage: Hat der Peter Hagendorf auch innerhalb
seines Tagebuchs von den Gräueltaten des 30-jäh-
rigen Krieges, die er erlebt hat, berichtet? 70
Prof. Peters: Nein, davon kann man nichts lesen.
Das war für ihn, auch das klingt ein wenig hart, zu
alltäglich, selbstverständlich und natürlich, als
dass man darüber groß schreiben musste. Es ist
wirklich eher umgekehrt so, dass er mit eben sol- 75
cher Selbstverständlichkeit die schlimmen Plünde-
rungen und die Tötungen, man könnte sagen, das
Abschlachten von sich wehrenden Bauern
schildert. Dann aber immer in dem Ton einer
gewissen Empörung, die sich mit einem gewissen 80
Respekt mischt. Empörung darüber, dass man sich
gegen die Söldner stellt, durch die Zivilbevölke-
rung, was dann das Recht gibt, sie niederzumet-
zeln. Andererseits aber auch einen gewissen
Respekt vor der todesmutigen und oft einem 85
Todesurteil gleichkommenden Handlungsweise,
sobald man sich gegen ein übermächtiges Heer in
einem Dorf stellte, und das geschah schon öfter.
Frage: Also können wir nach heutigen moralischen
Begriffen gar nicht urteilen, dass Peter Hagendorf 90
ein vom Krieg Verrohter war, sondern er hat sein
Handwerk ausgeführt. Kann man das so sagen?
Prof. Peters: Genauso würde ich es sagen. Er hat
das Töten und auch die Verteidigung als eine
Handwerksleistung verstanden, die Respekt ver- 95
diente, und er respektierte die sogenannten
„beschossenen Knechte", die an vorderster Reihe
oder im Krieg schon lange gestanden hatten,
durchgekommen waren, zu denen er sich auch
zählen konnte. So gesehen fühlte er sich moralisch 100
nicht nur im Recht, sondern auch als Vollstrecker
einer anständigen, handwerklichen Leistung.

Quelle: pax Interviews http://www.pax-geschichte.de/uploads/
ausgaben/pax1/Prof_Peters.mp3

Aufgaben

1. a) Stellen Sie stichpunktartig zusammen, zu
welchen Aspekten die Abbildungen jeweils
Informationen enthalten.
b) Ordnen Sie die Abbildungen einer Quellengat-
tung zu. Begründen Sie ihre Entscheidung.
→ M1–M4

2. Kennzeichnen Sie die Unterschiede zwischen
den Materialien. → M5a)b)c)
3. Fassen Sie die Aussagen von Prof. Peters zusammen und zeigen Sie auf, mit welchen Proble-
men und Fragestellungen sich Historiker bei der
Erforschung neuer Quellen befassen. → M6

Chronologie und Kalender

Schon immer und in allen Kulturepochen versuchten die Menschen, Zeit bzw. Zeitabschnitte zu messen – das vorrangige Ordnungselement für Geschehnisse ist eine Chronologie.

Die Erstellung eines Kalenders als Verzeichnis der Monate und Tage eines Jahres war und ist an astronomische Beobachtungen gebunden. Die Grundlage der abendländischen Zeitrechnung bildet der von Caesar nach dem ägyptischen Vorbild erneuerte römische Kalender (1. Januar 45 v. Chr.). Da dessen julianisches Kalenderjahr elf Minuten länger war als das Sonnenjahr (Umlaufzeit der Erde um die Sonne), kam es zu Abweichungen, die nach einer Korrektur verlangten. Papst Gregor XIII. ordnete aus diesem Grund 1582 eine Kalenderreform an. Die notwendige Angleichung von Sonnen- und Kalenderjahr wurde unter anderem durch eine Auslassung von zehn Kalendertagen (zwischen dem 4. und dem 15. Oktober 1582) erreicht. Während der so reformierte, gregorianische Kalender in den römisch-katholischen Ländern umgehend eingeführt wurde, setzte er sich in den protestantischen Ländern nur zögerlich durch (nach 1700 auch in Deutschland, Schweden und Dänemark).

Beispiele	Zeiteinteilung
Ägypten (frühdynastische Zeit: etwa 3000 v. Chr.)	Jahreszählung nach kultischen oder politischen Ereignissen
Jüdischer Kulturkreis	Jahreszählung beginnt im Jahr 3761 vor Christi Geburt
Antikes Griechenland	• fast jede Polis und jedes Heiligtum mit eigener Chronologie • In Athen zählte man zum Beispiel nach dem vierjährigen Zyklus der Olympiaden (beginnend 776 v. Chr.) und benannte die Jahre nach den Namen des ersten der neun Archonten (den von den Athenern jährlich neu gewählten höchsten Beamten). • In Sparta gab es eine Liste der Könige, in die gelegentlich auch wichtige historische Ereignisse aufgenommen wurden.
Römisches Reich	Jahreszählung mit Bezug auf die sagenhafte Gründung Roms (753 v. Chr.) und nach Konsulatsjahren
Christliches Europa im hohen Mittelalter	Jahreszählung nach dem (erst nachträglich errechneten) Datum der Geburt Christi (die Zählung geht auf den römischen Mönch Dionysius Exiguus (525 n. Chr.) zurück)
Islamische Welt	Jahreszählung beginnend mit der Flucht Mohammeds von Mekka nach Medina (622 nach Christi Geburt)

Periodisierung

Jede zeitliche Ordnung stellt bereits eine Deutung vergangenen Geschehens dar. Abhängig von Zeit und Kultur existierten unterschiedliche Vorstellungen über den Charakter des Geschichtsverlaufes. Dieser wurde sowohl als Kreislauf (Zyklus) als auch als linearer Prozess verstanden, der auf ein bestimmtes Ziel zusteuere. Der Idee vom „Gottesstaat" (Augustinus) liegt eine solche Zielgerichtetheit (Finalität) des historischen Prozesses ebenso zugrunde wie der Lehre von einer „klassenlosen Gesellschaft" (Marx, Engels) als Endpunkt der Geschichte. Dem wird allerdings entgegengehalten, dass die Geschichte keinen abgeschlossenen Vorgang bildet und eine Offenheit besitzt, solange die Menschheit eine Zukunft hat.

Die Kalenderreform von 1582 im Spiegel zeitgenössischer Quellen

Sitzung der päpstlichen Kommission für die Kalenderreform (Ausschnitt), um 1585

Eine Anweisung des Papstes

Aus der Anweisung des Papstes Gregor XIII. an Kaiser Rudolf II. (1582):

Nachdem von Uns die Verbesserung des Kalenders als notwendig in Angriff genommen, vollendet und auch schon verkündet wurde, begannen Wir zu fürchten, dass die Kenntnis des Werks selbst
5 später als möglich zu Euch gelangen könnte, auf welche Weise Wir den vergangenen Monat Oktober als Beginn der Verbesserung beschlossen hatten. […]
Wo also in Deinen Gebieten die Verbesserung bis-
10 her noch nicht durchgeführt worden ist, wird es besonders Deinem höchsterprobten Pflichtgefühl zukommen, für die sorgfältigste Einhaltung Unseres Schreibens […] Sorge zu tragen.

Zit. nach: Chronik der Deutschen, Gütersloh/München 1995, S. 333.

Eine kritische Stimme

Aus einem protestantischen Flugblatt (1584):

Jetz kompt dieser Gregorius XIII. Papst / mit einem schlechten / alten Lumpenkram vnd vermeint mit disem geringen die leut zu betriegen / verhoffendtes solle 5 ihm ein mahl gelingen. Was richt er damit an: Allerley zanck / auffruhr vnd Mordt / vnd gedenckt die Teutschen in ein Blutbadt zu jagen. Sehe man doch nur an / 10 vnd betrachte / was sich in kurtzen zeiten für grosse jrrung vnd vnrichtigkeit wegen deß vermeintlich corrigirten Calenders hat erhoben / vnd eingerissen ist. An denen Orten / da man hat müs- 15 sen den newen Calender annemen / vnd mit gewalt ist auffgetrungen worden: Sind die Märckt vnd Jarmessen nach demselbigen gehalten worden. Andere / denen es vnbewusst / haben solche / wie für alters / nach dem gebreuchlichen Calender 20 besucht / sind zu spat kommen / vnd nichts nach jhrem willen zu kauffen gefunden. Jene hatte sich gerüst zu dem Marckt / niemands war für handen / oder ja gar wenig / der jhnen gelt zu lösen gab / oder abkauffte / Seind also beyde Parteyen / in 25 grossen schaden vnd vnkosten gebracht worden. Vnnd ist also die Correction des Calenders in einer Summ / noch in dem Geistlichen Standt / weder zur Seeln heil vnnd Seeligkeit / allein dem Papst zur füllung seines Seckels [...] dienstlich oder fürtreg- 30 lich.

Zit. nach: Funk-Kolleg Geschichte, Studienbegleitbrief 5, hrsg. vom Deutschen Institut für Fernstudien an der Universität Tübingen, Weinheim/Basel 1979, S. 1.

Aufgaben

1. a) Erläutern Sie die Hintergründe der von Papst Gregor XIII. durchgeführten Kalenderreform.
   b) Werten Sie die Quellen zur Kalenderreform von 1582 aus und formulieren Sie Ihre gewonnenen Ergebnisse in Form von Thesen.
   → Text, M3–M5

2. Diskutieren Sie die Frage, ob geschichtliche Prozesse als zielgerichtet oder als offen zu betrachten sind.
   → Text

Fragebogen zum Kapitel: Einführung

Hinweis: Der folgende Fragebogen dient der Selbsteinschätzung der erworbenen Kenntnisse und Fähigkeiten. Die Auflistung erhebt nicht den Anspruch, vollständig zu sein. Es handelt sich vielmehr um eine Auswahl, die ggf. erweitert werden kann. In der Spalte rechts finden

Ich …	… bin sicher.	… bin ziemlich sicher.	… bin noch unsicher.	… habe große Lücken.
… kann den Begriff Geschichte erklären.				
… kann zur Frage „Wozu brauchen wir Geschichte?" begründet Stellung nehmen.				
… kann die Begriffe „Vergangenheit" und „Geschichte" erläutern und voneinander abgrenzen.				
… kann die in verschiedenen Erlassen und Lehrplänen formulierten Ziele des Geschichtsunterrichts erläutern.				
… kann am Beispiel des Reiterstandbildes Kaiser Wilhelms I. in Koblenz Probleme des öffentlichen Umgangs mit Geschichte erläutern und begründet eine eigene Position formulieren.				
… kann die Bedeutung von Quellen für die Geschichtswissenschaft erläutern.				
… kann bei Quellen zwischen Tradition und Überrest unterscheiden.				
… kann verschiedene Quellengattungen benennen und anhand von Beispielen erläutern.				
… am Beispiel des Tagebuchs des Söldners Peter Hagendorf Probleme historischer Quellen aufzeigen und erläutern.				
… kann die Unterschiede zwischen Quellen und Darstellungen erklären.				
… kann die Begriffe Chronologie und Periodisierung erklären.				
… kann verschiedene Kalendersysteme benennen und die jeweiligen Zeiteinteilungen erklären.				
… kann am Beispiel der gregorianischen Kalenderreform Probleme der Zeitmessung erläutern.				
…				

Sie Hinweise, wie Sie durch Üben, Wiederholen und Festigen vorhandene Unsicherheiten oder Lücken beseitigen können. Anregung: Nutzen Sie die Vorlage, um dem eigenen Unterrichtsverlauf entsprechend weitere Fragen zur Selbsteinschätzung sowie selbst formulierte Empfehlungen und Anregungen hinzuzufügen.

Auf diesen Seiten können Sie in HORIZONTE nachlesen	Empfehlungen zur Übung, Wiederholung und Festigung
6	Lesen Sie die Zitate zum Thema „Was ist Geschichte?". Wählen Sie ein Zitat aus, dem Sie am ehesten zustimmen können, und begründen Sie Ihre Auswahl.
10/11	Analysieren Sie die Aussagen der Historiker Fried und Meier (S. 10/11) und fassen Sie diese in einem Thesenpapier zusammen.
6/7	Verfassen Sie auf der Grundlage der Darstellung (S. 6/7) eine Kurzdefinition, zum Beispiel für ein Schülerlexikon.
8/9	Lesen Sie die Auszüge durch und arbeiten Sie die Leitbegriffe heraus.
12/13	Informieren Sie sich anhand der Darstellung im Lehrbuch (S. 12). Formulieren Sie Ihre eigene Auffassung in Form einer knappen Stellungnahme. („Ich bin der Meinung, …")
16/17	Werten Sie die Quellenauszüge und das Interview aus und stellen Sie Ihre Ergebnisse in einer Stichwortliste zusammen.
15	Stellen Sie die Merkmale von Traditions- und Überrestquellen in einer Übersicht zusammen.
8–19	Suchen Sie die Quellendefinition und die Auflistung der Quellengattungen im Lehrwerk auf. – Suchen Sie auf den angegebenen Seiten alle Quellen heraus und ordnen Sie diese einer Quellengattung zu.
16/17	Werten Sie das Interview mit dem Historiker Jan Peters aus.
15	Erläutern Sie die beiden Begriffe mit eigenen Worten anhand von Beispielen aus dem Lehrbuch.
18	Formulieren Sie eine Kurzdefinition beider Begriffe.
18/19	Suchen Sie im Schulbuch nach entsprechenden Hinweisen und stellen Sie diese in übersichtlicher Form zusammen (Stichworte).
18/19	Stellen Sie die Informationen zur Gregorianischen Kalenderreform in einer Übersicht zusammen (z. B.: Gründe für die Kalenderreform; Inhalt der Reform; Argumente der Befürworter und Gegner).

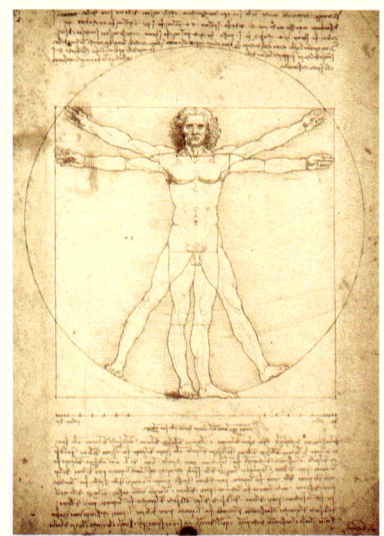

Proportionsschema der menschlichen Gestalt von Leonardo da Vinci, um 1490

Der Kaiser im Kreise der Kurfürsten und weiterer Reichsstände Holzschnitt (Ausschnitt), 1493

Landung von Hernán Cortés in Veracruz/Mexiko um 1520 Wandbild des mexikanischen Malers Diego Rivera, 1951

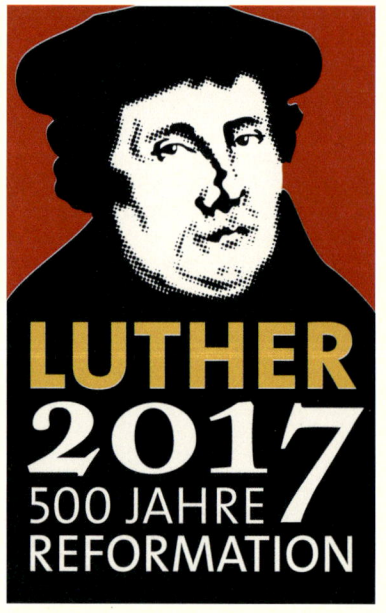

Plakat zum „Lutherjahr 2017"

Die Welt im 15. und 16. Jahrhundert – Eine Zeitenwende?

Die Zeit um das Jahr 1500 gilt als die entscheidende Zäsur zwischen Mittelalter und Neuzeit. Das folgende Kapitel, das sich näher mit dieser Umbruchszeit befasst, ist in der Form eines historischen Querschnitts angelegt. In der Fachsprache bezeichnet man einen solchen auch als eine synchrone Analyse (synchron = gleichzeitig). Hierbei steht nicht wie beim historischen Längsschnitt die Untersuchung eines bestimmten Themas über eine lange historische Zeitspanne im Vordergrund. Vielmehr wird ein bestimmter Zeitpunkt oder ein relativ kurzer Zeitraum unter einer ganzen Reihe von Aspekten untersucht. Dabei kommen Politik, Religion, Wirtschaft, Kultur und Wissenschaft zur Sprache. Natürlich beschränkt sich die nachfolgende Betrachtung nicht allein auf das Jahr 1500; die Spanne des hier präsentierten Querschnitts reicht von etwa 1450 bis 1550 und umfasst also insgesamt ca. 100 Jahre.

Das Kapitel ist in fünf Teilkapitel untergliedert:
- Im ersten Teilkapitel wird – verbunden mit einem Rückblick auf die Zeit des Mittelalters – zunächst untersucht, wie das Heilige Römische Reich Deutscher Nation an der Schwelle zur Neuzeit beschaffen war.
- In einem zweiten Teilkapitel wird das Wirtschaftssystem der Zeit um 1500 dargestellt. Seit dem 15. Jahrhundert bildeten sich frühkapitalistische Produktions- und Vertriebsformen heraus, die von Handelsgesellschaften und bedeutenden Unternehmerfamilien wie den Augsburger Fuggern vorangetrieben und genutzt wurden.
- Den Durchbruch von Renaissance und Humanismus, der zu einer allmählichen Auflösung des mittelalterlichen Weltbildes führte, stellt das dritte Teilkapitel in den Mittelpunkt.
- Aber nicht nur Künstler, Philosophen und Wissenschaftler eröffneten neue Perspektiven und trugen zu einer ungeheuren Erweiterung des Horizontes der damaligen Menschen bei. Mit den geografischen Entdeckungen und dem Aufbau der Kolonialreiche begann eine Vernetzung der Weltteile, die als Beginn jener Entwicklungen angesehen werden kann, die 500 Jahre später – auf der Grundlage neuer Transport- und Informationstechnologien – mit der zunehmenden weltweiten Verflechtung in allen Bereichen (Wirtschaft, Politik, Kultur) unser heutiges Leben als „Globalisierung" maßgeblich bestimmen. Hiervon wird im vierten Teilkapitel berichtet.
- Mit der Reformation Martin Luthers, die mit ihren Voraussetzungen und ihren Folgen im fünften Teilkapitel thematisiert wird, begann im religiösen Bereich ein tief greifender Umbruch, der die seit dem Mittelalter gültige religiöse Einheit Mitteleuropas beenden sollte.

Ob angesichts dieser Veränderungen jedoch tatsächlich von einer „Zeitenwende" im Sinne einer entscheidenden Zäsur oder nicht eher doch – in Anbetracht der vorhandenen Kontinuitäten – von einem längerfristigen Wandel gesprochen werden sollte, steht am Ende dieses Kapitels zur Diskussion (vgl. Seite 84/85).

Das Heilige Römische Reich Deutscher Nation

Das Reich und die Territorien

Das im Zentrum Europas gelegene Heilige Römische Reich Deutscher Nation war in seiner Machtstruktur ganz wesentlich durch das Spannungsverhältnis zwischen dem Kaiser und den großen Reichsfürsten, die in ihren Territorien eine starke Herrschaftsposition innehatten, geprägt. Anders als in England oder Frankreich, wo es bereits früh zu einer Stärkung der königlichen Zentralgewalt kam, vollzog sich im Reich der Prozess der Staatsbildung auf der Ebene der Territorialherrschaften. Diese Entwicklung zeigt sich heute noch in der föderalen Struktur Deutschlands. Im Unterschied zu den europäischen Erbmonarchien, bei denen die Thronfolge durch dynastisches Geblütsrecht bestimmt wurde, war im Reich der König seit dem Mittelalter von der Wahl durch die Kurfürsten abhängig und musste ihnen Zugeständnisse machen. Mit den sogenannten Wahlkapitulationen erhielten diese Absprachen sogar Vertragscharakter.

Dem Kaiser als oberstem Lehnsherrn stand die Gesamtheit der reichsunmittelbaren Herrschaftsträger verschiedener Art gegenüber: Kurfürsten, Fürsten, Grafen, Prälaten, Ritter, Städte und sogar reichsunmittelbare Dörfer. Als „reichsunmittelbar" wurden diejenigen Personen und Institutionen bezeichnet, die keiner anderen Herrschaft, sondern direkt und unmittelbar dem Kaiser unterstanden.

Reichsreformen

Während der Regierungszeit von Kaiser Maximilian I. (1495–1519) aus der Dynastie der Habsburger wurden große Gesetzeswerke und strukturelle Veränderungen realisiert, die – das wird in der Rückschau deutlich – für das Reich den Beginn der modernen Staatsbildung einläuteten. Den Auftakt bildete die 1495 in Worms durch den Kaiser einberufene Reichsversammlung, für die in den Quellen erstmals die Bezeichnung „Reichstag" auftaucht. Dieser löste die traditionellen Hoftage ab, zu denen der Kaiser beliebige Vasallen und Getreue einladen konnte.

M 1 „Das Heilige Römische Reich mit seinen Gliedern"
Holzschnitt von Hans Burgkmair dem Älteren, 1511

Die zunächst wichtigste Neuerung war der „Ewige Landfriede". Er beinhaltete ein zeitlich unbefristetes, immerwährendes und unbedingtes Fehdeverbot. Von nun an sollten Konflikte über den Rechtsweg ausgetragen werden. Begleitet wurde diese Maßnahme, die die Grundlage für ein staatliches Gewaltmonopol werden sollte, durch die Errichtung des Reichskammergerichts. Dieses war die höchste Berufungsinstanz, zu der selbst einfache Leute ihre Prozesse tragen konnten, es sei denn, der Landesherr besaß das Privileg, dass das Obergericht seines Landes die höchste Berufungsinstanz darstellte.

Erstmals beschlossen wurde auch die Erhebung einer allgemeinen Steuer, des sogenannten Gemeinen Reichspfennigs. Diese Steuer sollte von allen Reichsuntertanen eingezogen werden, abhängig von den Vermögensverhältnissen. Das Vorhaben scheiterte allerdings am Widerstand der Reichsstände, die dem Reich keinen direkten Zugriff auf die Ressourcen der einzelnen Territorien zugestehen wollten.

Eine weitere entscheidende Reform war eine Vereinbarung zwischen Kaiser und Reichsständen, wonach von nun an jährlich Reichstage, gegliedert in Kurfürsten, Fürsten und Reichsstädte, stattfinden sollten. Festgeschrieben wurde die Notwendigkeit eines Konsenses der Stände bei Steuerbewilligungen, bei Entscheidungen über Krieg und Frieden und bei Bündnissen.

Karl V. und das universale Kaisertum

Als Kaiser Maximilian I. 1519 starb, wurden die Reichsreformpläne von seinem Enkel und Nachfolger Karl V. (1519–1556) zwar weiterverfolgt, allerdings strebte Karl V. ein universales Kaisertum (monarchia universalis) an, das neben Deutschland, Böhmen, Burgund und Mailand auch noch Spanien und die neu entdeckten spanischen Besitzungen jenseits des Atlantiks umfassen sollte. Das aber waren Perspektiven, in denen die „deutschen Lande" weit in den Hintergrund rückten.

M 2

25

Das Reich im 15. Jahrhundert – Mit einer Darstellung arbeiten

M 3 Eine Darstellung

Der Historiker Hagen Schulze schreibt in seinem Werk „Kleine deutsche Geschichte", das sich an ein breites Publikum wendet, über das Heilige Römische Reich im 15. Jahrhundert (1996):

Das Heilige Römische Reich umfasste an der Schwelle zur Neuzeit, um das Jahr 1400, die Mitte des europäischen Kontinents. Seine Grenze erstreckte sich von Holstein die Ostseeküste ent-
5 lang bis etwa zum hinterpommerschen Stolp – hier begann das Herrschaftsgebiet des souveränen und reichsunabhängigen Deutschen Ordens –, zog sich dann fast genau auf derselben Linie, die nach dem Ersten Weltkrieg Deutschland und Polen
10 trennen sollte, gen Süden, umfasste Böhmen und Mähren sowie das Herzogtum Österreich und erreichte bei Istrien das Adriatische Meer. Die Reichsgrenze sparte Venedig und sein Hinterland aus, zog sich, die Toskana umfassend, nordwest-
15 lich des Kirchenstaats quer durch Norditalien und erreichte nördlich von Civitavecchia das Tyrrhenische Meer, dem sie bei Nizza wieder nordwärts entstieg. Sie dehnte sich westlich Savoyens, der Freigrafschaft Burgund, Lothringens, Luxemburgs
20 und der Grafschaft Hennegau und erreichte an der westlichen Scheide, zwischen Gent und Antwerpen, die Nordsee. Manche Gebiete, etwa Norditalien, Savoyen, die Freigrafschaft Burgund, auch die aufrührerische Schweizer Eidgenossenschaft, gehörten nur noch nominell dem Reich an, andere 25 gehörten entschieden nicht zu jenen Kerngebieten, die damals als „teutsche lande" bezeichnet wurden: In Brabant und Teilen der Herzogtümer Lothringen und Luxemburg sprach man französsisch, und in […] Böhmen, Mähren und Schlesien 30 war Deutsch im Wesentlichen die Sprache der Städte – das Landvolk, aber auch Teile der Stadtbevölkerungen sprachen tschechisch, in Schlesien auch polnisch.

Dieses Reich war nach wie vor weit davon ent- 35 fernt, ein Nationalstaat zu sein; dazu fehlte ihm beides, Nationalität wie Staat. […]
Das Reich selbst war und blieb ein Wirrwarr von ungefähr 1600 reichsunmittelbaren Territorien und Städten […]. Neben kleinen und kleinsten 40 Herrschaften, die sich oft von der Zinne des Schlosses aus überblicken ließen, neben reichen und mächtigen Reichsstädten wie Nürnberg oder Lübeck, aber auch skurril-winzigen Reichsdörfern standen große reichsfürstliche Territorien mit aus- 45 gebauter Zentralverwaltung und eigenen Landtagen, wie etwa die Herzogtümer Bayern, Württemberg, Lothringen, Luxemburg oder Savoyen, die Kurfürstentümer Sachsen und Brandenburg, die Kurpfalz und die Landgrafschaft Hessen, die geist- 50 lichen Kurfürstentümer Köln, Mainz und Trier, um nur einige der größten Territorien zu nennen. Von

M 4

Heiliges Römisches Reich Deutscher Nation im 16 Jh.

26

den viel moderneren Staatswesen Westeuropas stach diese altertümliche Territorienvielfalt deutlich ab; von zentralen staatlichen Institutionen, an denen sich eine deutsche Nation anlehnen konnte, war in Mitteleuropa nicht die Rede. […] Als deutsche Nation galt aber nicht die Gesamtheit der deutschsprachigen Menschen innerhalb des Heiligen Römischen Reichs, sondern die politisch handelnde Gemeinschaft der deutschen Fürsten, die insgesamt als „Reich" dem Kaiser entgegentraten: „Nation" im Verständnis der Zeit war der Adel als politisch handelnder Stand. Die Suche nach einer Reichsreform zielte nun darauf, Institutionen zu gründen, die dem Reich zu moderner Staatlichkeit verhelfen konnten; wäre das gelungen, hätte die „deutsche Nation" die Chance bekommen, sich als Staatsnation zu etablieren, wie dies in Frankreich oder England geschah. […] Die Menschen, die dieses Land bevölkerten, lebten nach wie vor in einer fast ganz und gar agrarisch geprägten Welt. Vier von fünf Menschen wohnten in Einzelgehöften oder Dörfern, die im Verlauf des 13. und 14. Jahrhunderts in Mitteleuropa allerdings immer zahlreicher geworden waren. In den Gebieten westlich der Elbe waren die letzten Urwälder gerodet worden; selbst ungünstige Lagen wurden jetzt unter den Pflug genommen, und Grundherren mussten dazu übergehen, den verbleibenden Wald durch Rodungsverbote zu schützen. Auch östlich der Elbe nahm die Zahl der bäuerlichen Siedlungen zu, holte im Vergleich zur westlichen Siedlungsdichte erheblich auf. Zugleich nahm das Bauerntum zu; die bisher verbreitete Leibeigenschaft trat in weiten Gebieten zurück. Das Obereigentum im Dorf gebührte nach wie vor dem meist adligen Grundherrn, doch blieb den Bauern das Nutzeigentum. Der bäuerliche Pächter, dessen Abgaben die Rente des Grundherrn sicherten, wurde der ländliche Regelfall – zumindest in den Gebieten westlich der Elbe. Östlich der Elbe dagegen endete die rechtliche Vorzugsstellung, die sich viele Bauern während der hochmittelalterlichen Kolonisationszeit erworben hatten. Hier nutzte der Adel die Schwäche der Landesherren aus, um weitreichende Rechte über die Bauernschaft zu begründen, mit deren Hilfe die bäuerliche Erbuntertänigkeit geschaffen wurde. Auf den Gütern Ostelbiens gerieten die Bauern in voll-

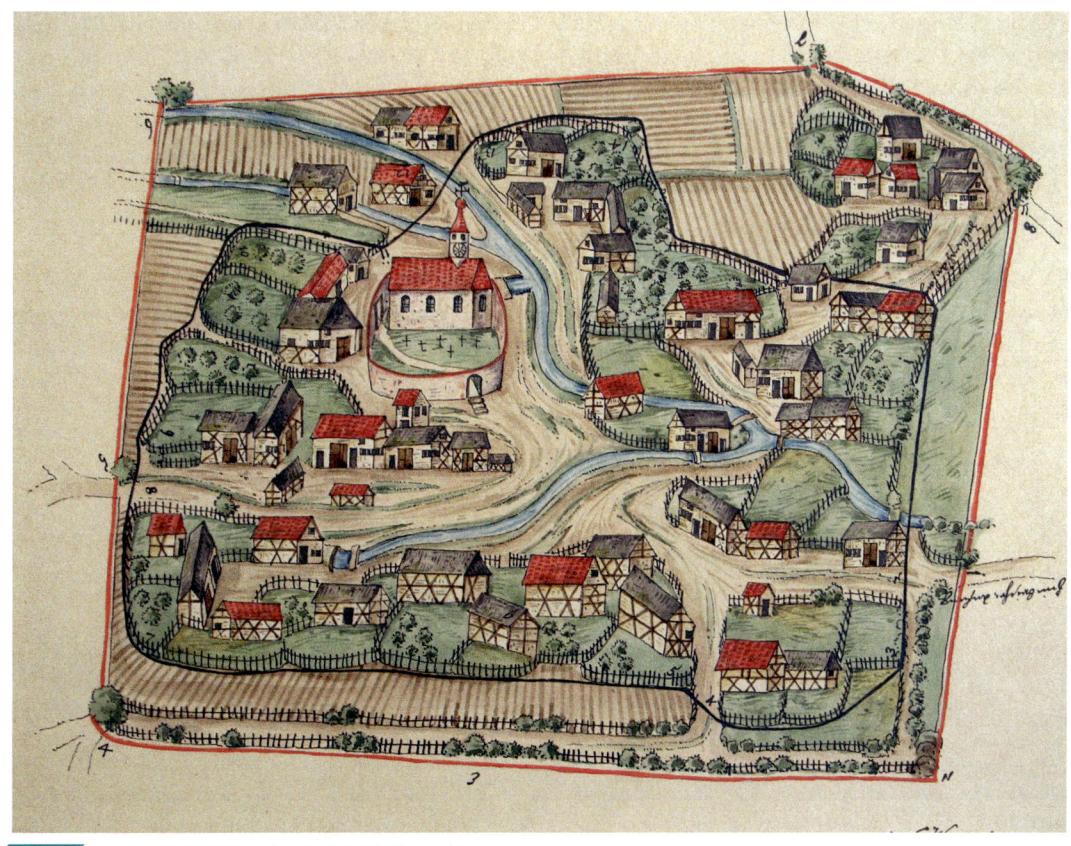

M 5 **Dorfansicht aus dem 16. Jahrhundert**
Das Dorf Heudorf im Kreis Konstanz, kolorierte Pinselzeichnung auf Papier, 1576

ständige Abhängigkeit von den Gutsherren, sie hatten drückende Dienstverpflichtungen zu erfüllen und waren den Zwangsrechten der Junker fast wehrlos ausgeliefert – erst die Bauernbefreiungen
105 des 19. Jahrhunderts sollten daran etwas ändern. Ungefähr 20% der Menschen lebten in den etwa 4000 Städten des Reichs, deren Dichte von Westen nach Osten abnahm. In zwei Drittel aller Fälle handelte es sich um Zwergstädte mit wenigen hun-
110 dert und um Kleinstädte mit höchstens 2000 Einwohnern. Unter der geringen Zahl von Großstädten mit mehr als 10 000 Einwohnern stand Köln mit etwa 40 000 Menschen an der Spitze der deutschen Stadtgemeinden, gefolgt von den Prager
115 Städten und von Lübeck; andere Großstädte waren Augsburg und Nürnberg, Bremen und Hamburg sowie Frankfurt, Magdeburg, Straßburg und Ulm, alle weit entfernt von dem Bevölkerungsreichtum europäischer Metropolen wie
120 Paris, Florenz, Venedig, Genua oder Mailand, die allesamt bereits gegen 1340 um die hunderttausend Einwohner besaßen. Die meisten Städte im Reich gehörten zu fürstlichen Territorien und unterstanden den Landesherren. Daneben gab es
125 Reichsstädte – in der Reichsmatrikel von 1521 waren 85 aufgeführt. Sie unterstanden unmittelbar der kaiserlichen Hoheit. Zu den Reichsstädten gehörten auch die Freien Städte, also Bischofsstädte wie Köln oder Regensburg, die sich aus der

Stadtherrschaft des Bischofs hatten befreien kön- 130 nen.
Nur ein Teil der städtischen Bevölkerung besaß das städtische Bürgerrecht – neben den Patriziern und alteingesessenen Familien die Händler und die in Zünften zusammengeschlossenen Handwerker. 135 Diesen „ehrbaren" Bürgern stand der höchst heterogene Anteil der Nichtbürger gegenüber – Mägde und Knechte, Handelsgehilfen, Handwerksgesellen und Lehrjungen, Kranke und Bettler, Abdecker und Henker, aber auch Adlige, Geistliche, 140 Beamte und Juden.
Wie viele Menschen insgesamt im Heiligen Römischen Reich lebten, ist schwer festzustellen, denn Bevölkerungszählungen gab es nicht. Die wissenschaftlichen Schätzungen gehen von unter- 145 schiedlichen Annahmen aus und führen zu stark voneinander abweichenden Angaben, und so betrachten wir die folgenden Zahlen mit gebührender Skepsis. Um das Jahr 1000 können innerhalb des Reichsgebiets ungefähr 5 Millionen Men- 150 schen gelebt haben; um 1340 waren es vielleicht 15 Millionen und um 1450 etwa 10 Millionen. […] Die west- und mitteleuropäische Gesamtbevölkerung umfasste um das Jahr 1000 ungefähr 12 Millionen, um 1340 36 Millionen, um 1450 dagegen 155 nur noch 23 Millionen Menschen.

Hagen Schulze, Kleine deutsche Geschichte, München 1996, S. 31 ff.

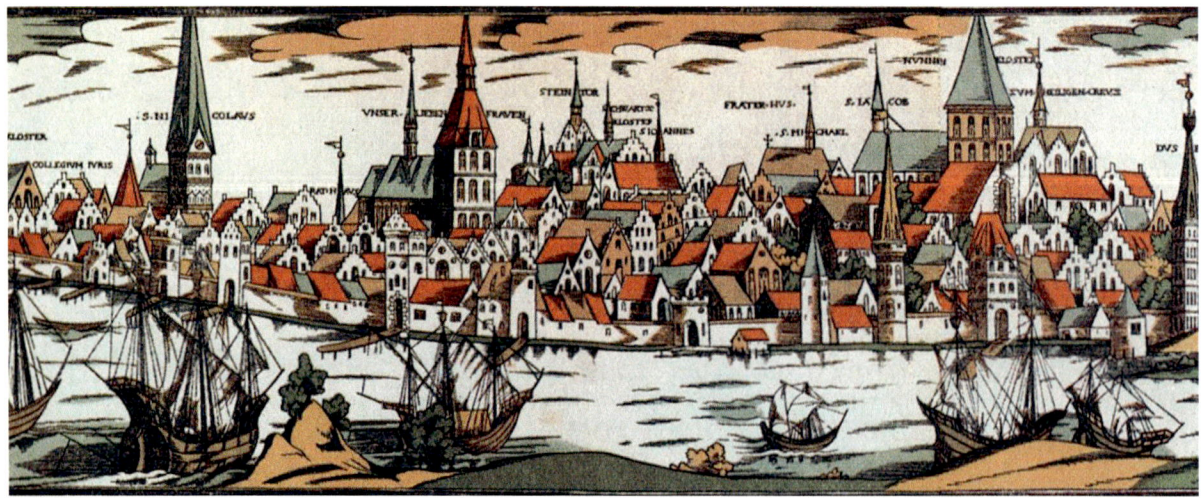

M 6 **Stadtansicht**
„Wahrhafftige Contrafactur der alten herrlichen Stat Rostock",
Holzschnitt (Ausschnitt) von Hans Weigel, um 1550/60

Erschließung von darstellenden Texten

Um den Inhalt von darstellenden Texten – auch Schulbuchtexten – zu erfassen, stehen zahlreiche Verfahren zur Verfügung. Wenden Sie einzelne (ausgewählte) Verfahren zur Erschließung der Darstellung des Historikers Hagen Schulze an (Seite 26–28).

Verständnis sichern

Markieren Sie im Text die Wörter, die Sie nicht verstehen. Schreiben Sie sie heraus und klären Sie die Begriffe mithilfe eines Lexikons.

Schlüsselbegriffe markieren

Lesen Sie den Text genau durch! Unterstreichen Sie Ihnen wichtig erscheinende Begriffe oder Passagen zuerst mit Bleistift. Entscheiden Sie sich bei nochmaligem Lesen für die Schlüsselbegriffe. Markieren Sie tatsächlich nur einzelne Begriffe, nicht ganze Sätze oder Absätze. Verwenden Sie ggf. verschiedene Farben.

Erstellen einer geordneten Stichwortsammlung

Die nach bestimmten Aspekten geordnete Stichwortsammlung soll die wichtigsten Informationen des Textes beinhalten. Die Stichworte müssen nicht unbedingt in der Reihenfolge erscheinen, in der sie im Text stehen.

Gliederung in Absätze

Gliedern Sie den Text, sofern nicht schon vorgegeben, in sinnvolle Abschnitte. Formulieren Sie für die Abschnitte passende Überschriften und notieren Sie dazu ggf. wichtige Stichworte (z. B. am Rand des Textes).

Mit eigenen Worten zusammenfassen

Fassen Sie den Inhalt jedes Absatzes mit eigenen Worten zusammen oder verfassen Sie eine knappe (!) schriftliche Zusammenfassung.

Fragen formulieren (und beantworten)

Formulieren Sie „W-Fragen", auf die der Text bzw. einzelne Textabschnitte Antwort geben.

Den Text expandieren (erweitern)

Viele Fachtexte sind stark verdichtet, sodass man sie kaum noch einmal zusammenfassen kann. Expandieren Sie einen Text durch Anreicherung mit Zusätzen, Erläuterungen, Beispielen, Erklärungen, Skizzen oder weiteren Informationen. Formulieren Sie die Texterweiterungen ggf. für einen bestimmten Adressaten (z. B. einen jüngeren Schüler oder einen Laien).

Bildunterschriften formulieren

Formulieren Sie zu Bildern im Text Bildunterschriften, die den thematischen Bezug des Bildes zum Text deutlich machen.

Die Verfassung des Reiches am Ende des 15. Jahrhunderts – Schaubild und Bildquelle vergleichen

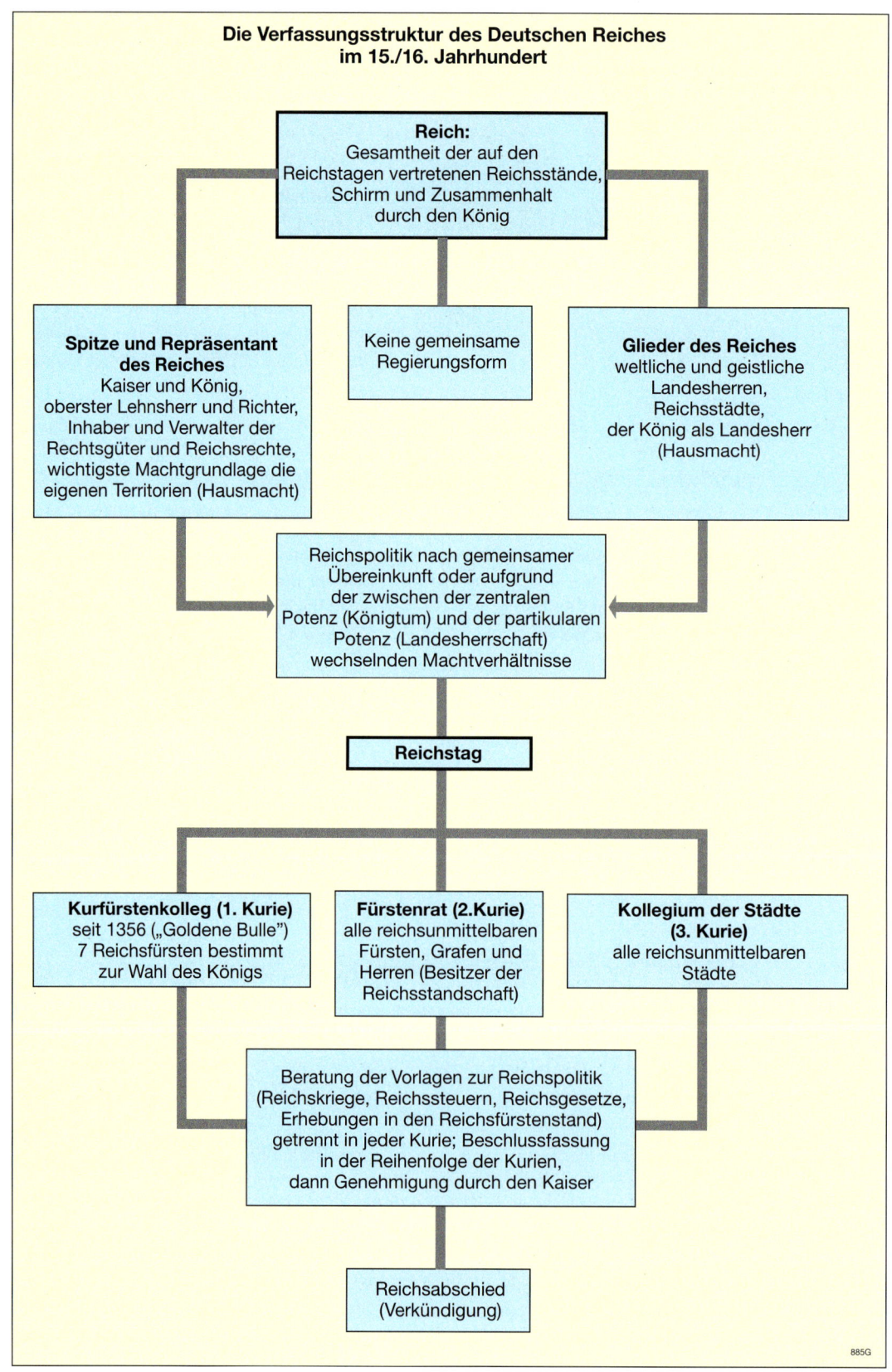

Die Verfassungsstruktur des Deutschen Reiches im 15./16. Jahrhundert

Reich:
Gesamtheit der auf den Reichstagen vertretenen Reichsstände, Schirm und Zusammenhalt durch den König

Spitze und Repräsentant des Reiches
Kaiser und König, oberster Lehnsherr und Richter, Inhaber und Verwalter der Rechtsgüter und Reichsrechte, wichtigste Machtgrundlage die eigenen Territorien (Hausmacht)

Keine gemeinsame Regierungsform

Glieder des Reiches
weltliche und geistliche Landesherren, Reichsstädte, der König als Landesherr (Hausmacht)

Reichspolitik nach gemeinsamer Übereinkunft oder aufgrund der zwischen der zentralen Potenz (Königtum) und der partikularen Potenz (Landesherrschaft) wechselnden Machtverhältnisse

Reichstag

Kurfürstenkolleg (1. Kurie)
seit 1356 („Goldene Bulle") 7 Reichsfürsten bestimmt zur Wahl des Königs

Fürstenrat (2.Kurie)
alle reichsunmittelbaren Fürsten, Grafen und Herren (Besitzer der Reichsstandschaft)

Kollegium der Städte (3. Kurie)
alle reichsunmittelbaren Städte

Beratung der Vorlagen zur Reichspolitik (Reichskriege, Reichssteuern, Reichsgesetze, Erhebungen in den Reichsfürstenstand) getrennt in jeder Kurie; Beschlussfassung in der Reihenfolge der Kurien, dann Genehmigung durch den Kaiser

Reichsabschied (Verkündigung)

M 7

885G

M 8 **Der Aufbau des Reiches**

Der Kaiser mit den sieben Kurfürsten, darunter weitere Reichsstände, geistliche und weltliche Fürsten sowie Reichsstädte, kolorierter Holzschnitt aus Hartmann Schedels Liber chronicarum (Weltchronik), Nürnberg 1493

Aufgaben

1. Analysieren Sie in Partnerarbeit die beiden Geschichtskarten. Stellen Sie sich gegenseitig die wichtigsten Informationen vor, die Sie den Karten entnehmen können.
   → M2, M4

2. Analysieren Sie die Darstellung von Hagen Schulze mithilfe eines der auf Seite 29 vorgestellten Verfahren.
   → M3

3. Erläutern Sie das Schaubild zur Verfassungsstruktur des Reiches. Nutzen Sie dazu auch den Einführungstext auf den Seiten 24 und 25.
   → Text, M7

4. Beschreiben Sie den Holzschnitt und erläutern Sie, wie bei Hartmann Schedel der Reichsaufbau dargestellt wird.
   → M8

5. Vergleichen Sie den Holzschnitt mit dem Schaubild zur Verfassungsstruktur und arbeiten Sie Gemeinsamkeiten und Unterschiede heraus.
   → M7, M8

M 1 **Wahlkapitulation Karls V.**

*a) Das Originaldokument vom 3. Juli 1519 beginnt
und endet folgendermaßen:*

Anfang:
Wir Karl der funft von Gottes Genaden erwelter
Römischer Kunig, Erzherzog zu Österreich etc.,
Kunig zu Hyspanien, beider Sicilien und Jherusa-
5 lem etc., [...] bekennen offenlich und thun kund
allermeniglich: [...] daz Wir Uns demnach aus frei-
em, genedigen Willen mit denselben Unsern lie-
ben Frunden, Neven und Churfursten diser nach-
folgenden Artigkel gedings- und pactsweise ver-
10 ainigt, vertragen, die angenomen, bewilligt und
zu halten zugesagt haben, alles wissentlich in
Craft ditz Briefs.
Ende:
Des zu Urkund haben Wir dieser Brief sechs in
15 gleicher Laut gefertigt und mit Unserm Kunig-
lichen anhangenden Insigel besigelt und jedem
obbemelten Churfursten einen uberantwurt.
Geben am dritten Tag des Monets Julii, nach Christi Geburt funfzehenhundert und im neunzehen-
20 den, Unser Reiche des Römischen im ersten und
des Hispanischen im vierten Jaren.

*b) Die wesentlichen Inhalte lauten in neuhoch-
deutscher Übersetzung:*

Dass wir die Römische Kirche, den Stuhl zu Rom
und das Heilige Römische Reich treulich schützen
und schirmen sollen und wollen. Dass wir die Kurfürsten bei ihren Freiheiten und innehabenden
5 Gütern bleiben lassen und ihnen die konfirmieren
sollen. Dass wir die Goldene Bulle und andere Ordnung, durch Kurfürsten und Stände des Reichs auf
gehaltenen Reichstagen aufgerichtet, halten,
handhaben und vollziehen sollen und wollen und

sie, wo nötig, mit den Ständen des Reichs helfen 10
bessern. Dass wir Frieden und Recht im Reiche
handhaben und halten wollen. [...]
Dass wir die Ämter an unserm Hof und im Reich
mit Deutschen, die von Adel, und mit Leuten, die
fromm, redlich und von gutem Herkommen sind, 15
besetzen sollen und wollen. Dass wir uns gegen
die deutsche Nation keiner andern Sprache denn
Deutsch oder Latein zu schreiben gebrauchen
wollen. Dass wir nichts vom Heiligen Reich ohne
der Kurfürsten Rat und Bewilligung versetzen 20
oder hingeben sollen. Dass wir, was vom Reich
genommen, nach unserm Vermögen wieder zum
Reich bringen wollen. [...]
Dass wir ohne der Kurfürsten und Stände des
Reichs Bewilligung keinen Anschlag oder gemei- 25
nen Pfennig aufs Reich schlagen oder anlegen
wollen. Dass wir ohne der Kurfürsten Rat und Ein-
willigung keinen neuen Zoll geben noch die alten
steigern sollen. Dass wir keinen Fürsten des Reichs
strafen sollen, er sei denn zuvor mit Recht in die 30
Strafe erkannt. Dass wir ohne unserer Kurfürsten
Miterkenntnis keinen Fürsten in die Acht tun wollen. Dass wir uns so förderlich wie möglich in die
deutsche Nation erheben, die römische königliche
Krone empfangen und den ersten Hof zu Nürn- 35
berg halten sollen, auch zur Erlangung der kaiserlichen Krone möglichen Fleiß anwenden wollen.
Dass wir auch, so viel möglich, unsern Aufenthalt
und Hof den mehrern Teil des Jahres in deutscher
Nation haben und halten wollen. [...] 40
Dass wir keine Versammlung im Reich erfordern
und ausschreiben, auch kein Kriegsvolk sammeln
sollen, ohne der Kurfürsten Rat, Wissen und Ein-
willigung.

Zit. nach: Robert Stupperich, Die Reformation in Deutschland,
Gütersloh 1980, S. 174 f.

Hoftag, lateinisch curia, im Mittelalter allgemein eine von Fürsten einberufene Versammlung der Großen des Landes, auf der Gesetze erlassen und Beschlüsse gefasst wurden. Aus dem Hoftag des deutschen Königs entwickelte sich allmählich eine ständige Einrichtung, die zum Reichstag (seit dem 15. Jh. gebräuchliche Bezeichnung) wurde.

Goldene Bulle, Königs- oder Kaiserurkunde mit „goldenem Siegel" (lateinisch bulla aurea), im 13.–18. Jahrhundert über staatsrechtliche Fragen ausgefertigt; besonders die Goldene Bulle Karls IV. von 1356, eine der wichtigsten Verfassungsurkunden des Reiches, in der u. a. das Königswahlrecht des Kurfürstenkollegs bestätigt wurde.

Gemeiner Pfennig, eine alte allgemeine Reichssteuer zur Ablösung der Natural- oder Personal-Kriegsleistungen, vom Nürnberger Reichstag 1422 beschlossen, 1551 wieder aufgehoben.

Wahlkapitulation, seit dem 12. Jh. eine bei der Bischofswahl dem Erwählten von seinen Wählern auferlegte (kapitelweise) Verpflichtung, bestimmte Maßnahmen zu treffen oder zu unterlassen; seit 1519 (Karl V.) auch bei der Kaiserwahl.

Kurfürsten, Elektoren, im Hl. Römischen Reich seit dem 13. Jahrhundert die zur Königswahl berechtigten Fürsten; nach dem Sachsenspiegel um 1250 die Erzbischöfe von Trier, Mainz und Köln, der Pfalzgraf bei Rhein, der Herzog von Sachsen, der Markgraf von Brandenburg, später auch der König von Böhmen. Sie wurden im Lauf der Zeit zu Gegenspielern des Königtums, indem sie die Wahl zu eigenem Vorteil ausnutzten und ihnen genehme Könige wählten. Der Grundsatz der Mehrheitswahl ging 1356 in die Goldene Bulle über. Aus besonderen Anlässen schlossen sich die Kurfürsten zu einem Kurverein zusammen, und auf Reichstagen bildeten sie die erste Kurie.

Sämtliche Artikel aus: www.wissen.de

Arbeit mit Textquellen

Textquellen oder schriftliche Quellen waren und sind für die wissenschaftliche Forschung zentral. Sie umfassen die verschiedensten Gattungen, von Notizen bis hin zu erzählenden Werken, von Tagebuchaufzeichnungen bis hin zu politischen Reden, von Parteiprogrammen bis hin zu Lebenserinnerungen. Die Fragestellung und das Vorgehen muss daher immer wieder den vorhandenen Texten angepasst werden. Im vorliegenden Fall handelt es sich um eine sogenannte Wahlkapitulation Kaiser Karls V. Mithilfe der Materialien und anhand der folgenden Fragen lässt sich die Bedeutung des Textes erschließen.

Arbeitsschritte und Fragestellungen zur Interpretation von Textquellen

1. Die Textquelle lesen und den Inhalt verstehen

a) Lesen und übersetzen Sie die in Frühneuhochdeutsch geschriebenen Passagen.

b) Erklären Sie, was eine Wahlkapitulation ist.

c) Erläutern Sie mithilfe der Lexikoneinträge Begriffe wie „Hoftag", „Wahlkapitulation", „Kurfürsten" usw. Suchen Sie weitere, Ihnen unbekannte Begriff und schlagen Sie deren Bedeutung nach.

d) Stellen Sie stichpunktartig die zentralen Inhalte zusammen.

e) Benennen Sie das Thema der Quelle und bestimmen Sie die zentrale Aussage.

2. Die Entstehung und Überlieferung der Textquelle klären

a) Erläutern Sie, wann und zu welchem Anlass die Wahlkapitulation entstanden ist.

b) Weisen Sie nach, dass es sich um einen Brief handelt.

c) Analysieren Sie, wer die Textquelle verfasst hat.

3. Den Kontext und die historischen Bezüge der Textquelle erläutern

a) Arbeiten Sie heraus, an wen die Quelle gerichtet war.

b) Prüfen Sie, warum der Kaiser keinen Vertrag geschlossen hat, sondern einen Brief geschrieben hat.

c) Erläutern Sie, warum die Textquelle zu diesem Anlass verfasst wurde. Skizzieren Sie dazu knapp die damalige Situation.

d) Erstellen Sie eine (zweispaltige) Übersicht, in der Sie die einzelnen Bestimmungen zusammenfassen und daneben jeweils den Sinn der Bestimmung notieren.

4. Die Textquelle zusammenfassend interpretieren

a) Erörtern Sie, wessen Stellung durch dieses Dokument gestärkt und wessen Position geschwächt wurde.

Handelshäuser und Handelsmächte

Der Kapitalismus ist ein durch das Gewinnstreben Einzelner geprägtes Wirtschaftssystem, das durch Märkte reguliert wird, auf denen Angebot und Nachfrage miteinander ausgeglichen werden. Seine Geschichte reicht zurück bis ins späte Mittelalter, wo sich der sogenannte Frühkapitalismus entwickelte. Wie und warum entstand dieser?

Die Ursprünge: Italien

In der Zeit der Renaissance, also im 14. und 15. Jahrhundert, konnten italienische Städte wie Florenz und Venedig die Wissenschaften und die Künste nur dominieren, da sie sich zu wirtschaftlich führenden Zentren Europas entwickelt hatten. Italien gilt als das Land der ersten Kapitalisten, Großhändler und Bankiers. Früher als im übrigen Europa hatte man sich hier von den Vorurteilen des Mittelalters und vor allem auch aus der Abhängigkeit von der Kirche befreit. Deren Verbot, Zinsen zu nehmen, überging man häufig mit der Begründung, dass man einen Teil seines Gewinns für mildtätige Zwecke ausgeben würde – ein Verhalten, das in anderen Ländern bald nachgeahmt wurde. Die Kaufleute lösten sich vom mittelalterlichen Erwerbsleben, das durch genossenschaftliche Bindungen ebenso erstarrt war wie durch strenge Regeln etwa bezüglich der Marktrechte, Stapelrechte oder Zölle. Die mittelalterlichen Erwerbsformen unterbanden kaufmännische Spekulationen weitgehend und ließen weder freien Wettbewerb noch freie Preisbildungen aufkommen. Indem man sich von diesen Bindungen löste, bildete sich auch eine neuartige Kaufmannspersönlichkeit heraus. Fleiß und Glück ermöglichten es zuvor unbedeutenden Familien, bis zur Spitze der Gesellschaft vorzustoßen und so auch politischen Einfluss zu erlangen. Basierte die gesellschaftliche Rolle eines Menschen im mittelalterlichen Feudalismus zuvor einzig auf der Standeszugehörigkeit, so begann die Rolle des Einzelnen in der Gesellschaft von nun an zunehmend vom Reichtum der Person abzuhängen.

Das Wirtschaftssystem

Die Arbeitswelt bestand bis zum 16. Jahrhundert vornehmlich aus kleinen Familienbetrieben, die weitgehend auf Bestellung und nicht auf Vorrat in Handarbeit komplette Produkte in ihrem eigenen Haus herstellten und diese anschließend auf dem Markt verkauften. Nach dem Ende des hohen Mittelalters nahmen jedoch längerfristige Aufträge zu, die von Fürsten oder Städten vergeben wurden. Der einzelne Handwerker war kaum in der Lage, längerfristig eigenes Kapital vorzustrecken. Auch stieg im gleichen Maße, wie sich der Markt erweiterte und über die eigene Stadt und das eigene Land hinauswuchs, das Risiko für den Einzelnen. Dies führte notwendigerweise zu neuen Formen der Organisation. Im sogenannten Verlagswesen trat zwischen Werkstatt und Markt der Verleger auf, der einem Handwerker Rohstoffe zur Verfügung stellte und die daraus hergestellten Halbfertig- oder Fertigprodukte weiterverkaufte. Da auf diese Weise auch auf dem Land produziert werden konnte, gerieten die städtischen Zünfte unter Druck. Die neuartige Produktion von Massengütern im arbeitsteiligen Verfahren brachte einigen Familien des städtischen Patriziats hohe Gewinne ein, der Fernhandel ebenso. Neuartige Methoden der Buchführung und des Bankwesens begünstigten die Abwicklung von Handelsgeschäften im

M 1 **Jakob Fugger der Ältere**
Diese Zeichnung befindet sich in einem Buch des 17. Jahrhunderts, sie dürfte also wenig Ähnlichkeit mit dem wirklichen Jakob Fugger haben. Dargestellt wird er als typisch reicher Augsburger Bürger.

bargeldlosen Zahlungsverkehr. Bald gingen die großen Kaufleute dazu über, profitable Beteiligungen im Bergbau und bei der Erzverhüttung zu erwerben. Das so gesammelte Kapital verliehen sie dann zu hohen Zinsen an Fürsten und kirchliche Würdenträger, deren Geldbedarf für Repräsentation, den Ausbau der Verwaltungen und die Bezahlung von Söldnern ständig wuchs.

Die Medici in Florenz und die Fugger in Augsburg

Unter den vielen Handelshäusern in Florenz war das bedeutendste das der Medici. Ursprünglich hatte die Familie ihr Vermögen im Woll- und Seidenhandel gemacht, wovon die sechs Warenballen in ihrem Wappen zeugen, war dann aber ins Bankengeschäft einstiegen. Die bürgerliche Handels- und Bankiersfamilie erreichte unter Cosimo dem Älteren, den seine Landsleute „Vater des Vaterlands" nannten, ihre erste Blütezeit. Mitte des 15. Jahrhunderts besaßen die Medici 52 Handelshäuser und sechzehn große Niederlassungen in ganz Europa. Durch ihre Geschäfte erlangten sie einen Reichtum, der es ihnen ermöglichte, zunächst als ungekrönte Herren an die Spitze der Stadtrepublik zu gelangen. Im Jahr 1525 machte sich ein Medici dann zum Herzog von Florenz; nach seiner Ermordung wurde sein Vetter sogar Großherzog der gesamten Toskana.

Um die Wende vom 15. zum 16. Jahrhundert verlagerte sich der Schwerpunkt des Handels von Italien und dem Mittelmeer nach Westen und Norden. Die Fugger waren in Augsburg zunächst als Weber ansässig, später ging die Familie aber zum gewinnträchtigeren Tuchhandel über. Um mit Edelmetallen und Juwelen handeln zu können, engagierten sich einige Fugger auch in der Zunft der Goldschmiede.

M 2 **Medici-Palast in Florenz**

Der Mitte des 15. Jahrhunderts von Cosimo de' Medici in Auftrag gegebene Palast diente als Wohnhaus und Sitz der Medici-Bank.

M 3

Das Bank- und Handelshaus der Fugger zu Beginn des 16. Jh.

- Zentrale des Hauses Fugger
- Handelsniederlassungen (Faktoreien) der Fugger

Bergwerks- und Hüttenbetriebe in der Hand der Fugger
- ◇ Gold ◆ Blei
- ⬦ Silber ⬦ Quecksilber
- ◈ Kupfer ◇ Salz

Von den Fuggern bevorzugte
- — Straßen
- — Schifffahrtswege
- — Grenze des Deutschen Reiches
- Habsburgische Länder
- Länder des Deutschen Reiches

0   500 km

1057G

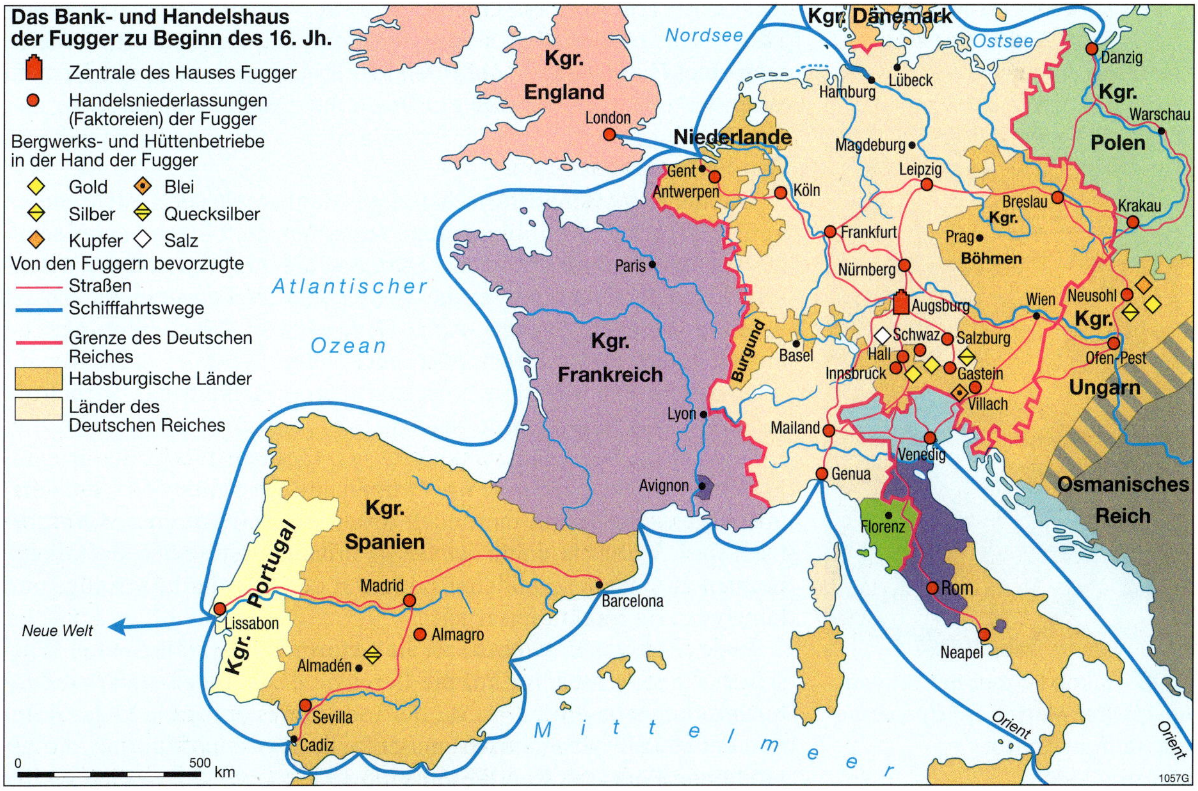

M 4 Matthäus Schwarz

In dem hier vorliegenden Trachten-
buch des Augsburgers Matthäus
Schwarz (1497–1574), dem Buchhalter der Fugger, spiegelt sich das
Geltungsbedürfnis eines einzelnen
Kaufmanns und seine Vorliebe für
standesgemäße Kleiderauswahl
wider. Auf dem Bild ist Matthäus
16 Jahre alt.

Besonders dieses Geschäft brachte sie in engeren Kontakt mit dem
Adel: Die ständigen Geldnöte der Fürsten boten den Fuggern eine
ausgezeichnete Gelegenheit zum Geldverdienen. Sie belieferten die
Hofkammern mit Krediten, Lebensmitteln, Waffen und Luxusgütern
und wurden so zu Finanziers von Landesherren und Kaisern, die als
Gegenleistung zur Sicherung von Krediten unter anderem die Rechte
zur Ausbeutung von Silber- und Kupfervorkommen vergaben. Die
Fugger erlangten eine Monopolstellung, die es ihnen erlaubte, fast den
gesamten Metallhandel des Reiches zu kontrollieren. Ihre Geschäfts-
verbindungen reichten bis Amerika. Besonders das Kupfermonopol
war lukrativ, da man Kupfer zur Herstellung von Geschützrohren
überall benötigte. In allen wichtigen Handelsstädten Europas errichteten die Fugger Niederlassungen, die „Faktoreien". Die Kaiserwahl
Karls V. finanzierte Jakob Fugger mit über 540 000 Goldgulden; das
Risiko ließ er sich mit ertragreichen Besitzungen in Spanien und Tirol
honorieren.

Geldwirtschaft

Bereits im 12. Jahrhundert war in Venedig und Genua im Zusammenhang mit dem Fernhandel ein bargeldloser Zahlungsverkehr entwickelt
worden, zunächst zwischen örtlichen Vertragspartnern, später auch
zwischen verschiedenen Orten. Ende des 13. Jahrhunderts gab es in
Italien Wechslerzünfte, die auf der Straße offene Stände betrieben, die
man nach dem Ladentisch „Banco" nannte. Aus diesen Anfängen entwickelte sich das Bankwesen, dessen italienischer Ursprung noch heute
an Fachausdrücken wie Konto, Giro oder bankrott zu erkennen ist.
Einen wichtigen Anstoß zur Entstehung des bargeldlosen Giroverkehrs
bildeten die unwägbaren Gefahren beim Transport größerer Geldmen-
gen. Bald stellte bei Geschäften in weiter entfernten Gegenden der
Wechsel die bevorzugte Zahlungsform dar: Der Besucher einer Messe
oder einer Handelsstadt zahlte den Ertrag aus einem Verkauf bei einem
Wechsler oder Fernhändler ein und erhielt dafür einen Schein, der
ein Zahlungsversprechen für einen anderen Ort zu einem späteren
Zeitpunkt enthielt.

Die neue Wirtschaftsform benötigte Banken, da die Unternehmen
immer größere Investitionen tätigen mussten, die Einzelne oder Kommunen nicht mehr aufbringen konnten. Über ihre Aktivitäten als Bankiers erlangten Familien wie die Medici oder die Fugger einen zusätz-
lichen politischen Einfluss. Auch Einlagen von Privatleuten wurden
angenommen und verzinst. Man verwendete sie dann entweder zur
finanziellen Absicherung des eigenen Handels, oder man verlieh sie
gegen Zinszahlung an Dritte weiter.

Auch der Arbeitsplatz veränderte sein Gesicht. Tätigkeiten wie das
Erstellen von Bilanzen oder das Ordnen und Verwalten von Geschäfts-
unterlagen erforderten ein neues Arbeitsumfeld: Waren der Kontor-
tisch und -stuhl bis dahin weder in Privathäusern noch in Arbeits-
räumen zu finden, so bildeten sie fortan den Standard für ruhige und
konzentrierte Kaufmannsarbeit.

In der Zeit um 1500 entstand die Urform der kapitalistischen Wirtschaft, die sich zunächst auf die Bereiche des Handels und des Zah-
lungsverkehrs beschränkte. Mit der Industrialisierung im 19. Jahrhundert entwickelte sich dann die maschinelle Massenproduktion, die zur
modernen Form des Kapitalismus führte.

M 5 Jakob Fugger mit seinem
Buchhalter Matthäus Schwarz im
Augsburger Kontor
Miniatur, 1520

Struktur-Lege-Technik

Die Struktur-Lege-Technik (SLT) ist ein Verfahren zur Visualisierung von Wissensbeständen. Die Grundidee besteht darin, ein Netzwerk zu konstruieren. Als Grundbestandteile des Netzes dienen die zentralen Begriffe eines Themas. Geübt werden bei der SLT insbesondere das Systematisieren, Hierarchisieren, Strukturieren und Kategorisieren.

Bei dieser Methode erhalten die Schülerinnen und Schüler je einen Satz Karten (zwischen 10 und 20), auf denen jeweils ein zentraler thematischer Begriff steht. Zusätzlich können noch einige weitere leere Karten (2 bis 4) ausgegeben werden.

1. Schritt: In einem ersten Durchgang sortieren die Schülerinnen und Schüler die Begriffe danach, welche für sie so klar verständlich sind, dass sie sie anderen Schülern erklären können, und bei welchen Begriffen dies noch nicht der Fall ist. Soweit nötig, werden unklare Begriffe zusammen mit einem Lernpartner geklärt.

2. Schritt: In einem weiteren Schritt, der in Partner- oder Kleingruppenarbeit erfolgen kann, legen die Schülerinnen und Schüler in ihren Teams die Begriffskarten so auf den Tisch, dass sich eine sachlich sinnvolle Anordnung ergibt. Eine mögliche Variante besteht darin, die Begriffskarten auf einem Bogen Papier oder Karton anzuordnen und hierauf Verbindungslinien zwischen den Begriffskarten, Pfeile oder andere Symbole einzuzeichnen. Auf den leeren Karten können von den Schülerinnen und Schülern selbst zusätzliche Begriffe notiert werden, die ihrer Meinung nach für das Netzwerk auch noch von Bedeutung sind.

3. Schritt: Die Ergebnisse der Lernteams werden anschließend gegenseitig vorgestellt oder „besichtigt". Wichtig hierbei: Die Schülerinnen und Schüler verbalisieren und begründen die gelegten Begriffsstrukturen. Das fertige (ggf. vorher korrigierte) Strukturbild jedes Einzelnen bzw. jedes Lernteams wird aufgeklebt und dient als optische Hilfe zum Einprägen von Lerninhalten.

Eine Variante der SLT besteht darin, dass die Schülerinnen und Schüler (in Einzelarbeit oder in Teams) selbst die wichtigsten Begriff eines Themas auswählen und auf Karten zusammenstellen. Der weitere Ablauf entspricht dem oben erläuterten Verfahren.

Die Methode kann besonders gut zum Abschluss einer Unterrichtseinheit eingesetzt werden, um Zusammenhänge zu rekapitulieren und zu veranschaulichen.

Die Familie Medici – Mit einer Stammtafel arbeiten

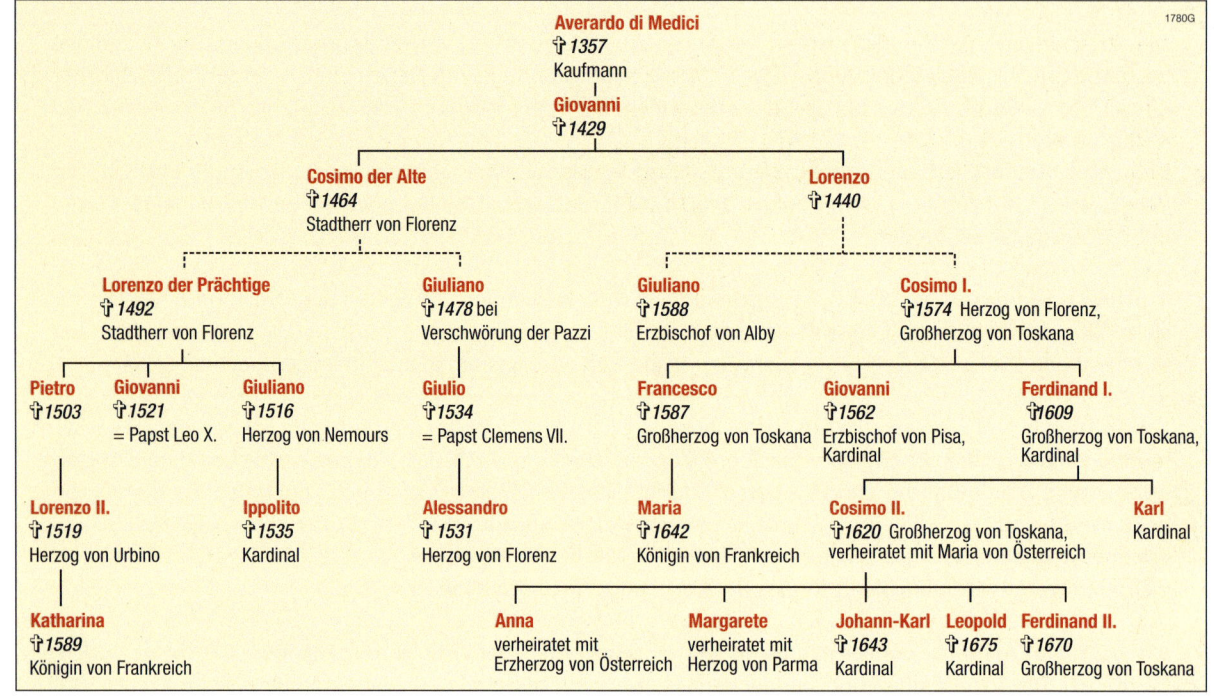

Averardo di Medici
✝ 1357
Kaufmann

Giovanni
✝ 1429

Cosimo der Alte
✝ 1464
Stadtherr von Florenz

Lorenzo
✝ 1440

Lorenzo der Prächtige
✝ 1492
Stadtherr von Florenz

Giuliano
✝ 1478 bei
Verschwörung der Pazzi

Giuliano
✝ 1588
Erzbischof von Alby

Cosimo I.
✝ 1574 Herzog von Florenz,
Großherzog von Toskana

Pietro
✝ 1503

Giovanni
✝ 1521
= Papst Leo X.

Giuliano
✝ 1516
Herzog von Nemours

Giulio
✝ 1534
= Papst Clemens VII.

Francesco
✝ 1587
Großherzog von Toskana

Giovanni
✝ 1562
Erzbischof von Pisa,
Kardinal

Ferdinand I.
✝ 1609
Großherzog von Toskana,
Kardinal

Lorenzo II.
✝ 1519
Herzog von Urbino

Ippolito
✝ 1535
Kardinal

Alessandro
✝ 1531
Herzog von Florenz

Maria
✝ 1642
Königin von Frankreich

Cosimo II.
✝ 1620 Großherzog von Toskana,
verheiratet mit Maria von Österreich

Karl
Kardinal

Katharina
✝ 1589
Königin von Frankreich

Anna
verheiratet mit
Erzherzog von Österreich

Margarete
verheiratet mit
Herzog von Parma

Johann-Karl
✝ 1643
Kardinal

Leopold
✝ 1675
Kardinal

Ferdinand II.
✝ 1670
Großherzog von Toskana

M 6 Stammtafel der Medici

M 7 **Cosimo de' Medici (1389–1464),**
Stadtherr von Florenz, Gemälde, nach
Alessandro Pieroni (1550–1607), Öl auf Lein-
wand, 53 x 44 cm, Florenz, Palazzo de' Mozzi

M 8 **Lorenzo de' Medici (1449–1492),**
der Prächtige, Stadtherr von Florenz, Porträt
mit Stadtansicht von Florenz, Gemälde, 16. Jahrhundert, Palazzo Medici-Riccardi

M 9 **Papst Leo X. (1513–1521),**
vorher: Giovanni de' Medici (1475–1521), mit
den Kardinälen Luigi de' Rossi und Giulio de'
Medici, Gemälde von Raffael (1483–1520),
Öl auf Holz, 155,2 x 119 cm, Florenz, Uffizien

Der Erfolg des Frühkapitalismus – Mit Darstellungen arbeiten

M 10 Ursachen für den Erfolg

a) Die irisch-amerikanische Schriftstellerin Iris Origo schreibt in ihrer 1957 erstmals erschienenen Biografie über den italienischen Renaissance-Kaufmann Francesco Datini:

Es ist auch eine Gesellschaft im Aufbruch, in der die korporative Organisation der Gilden abgelöst wird durch die Herrschaft einiger weniger großer Unternehmer und die Kommunen von reichen
5 Kaufleuten und Bankiers regiert werden. In dieser Welt der Gegensätze […] sehen wir auf der einen Seite eine kleine, in sich abgeschlossene Gesellschaft von Handwerkern und Ladenbesitzern, die immer noch völlig mit sich und ihren lokalen Inter-
10 essen ausgefüllt sind, auf der anderen Seite aber eine Handvoll von Männern, deren Marktplatz ganz Europa ist, deren Ehrgeiz und deren Unternehmungen so weit reichen wie ihr Aktionsradius. Die meisten richten ihr Leben noch nach den
15 Geboten der Kirche und nach den Statuten der Gilden ein, aber einige benutzen diese Regeln nur noch als Tarnung, in deren Schutz sie ihre individuellen kühnen Projekte entwickeln. Der bedingungslose Glaube des Mittelalters weicht allmäh-
20 lich dem skeptischen, forschenden Geist der Renaissance. Unter den Pionieren dieser neuen Weltordnung finden sich die Männer, die notgedrungen auf Eigeninitiative, Anpassungsfähigkeit und Schlauheit angewiesen waren, um ihre Ziele
25 zu erreichen: die Kaufleute. […] Der Unterschied zwischen dem internationalen Großkaufmann und dem „kleinen Krämer" bestand weniger darin, ob einer en gros oder en détail handelte, ja nicht einmal darin, ob er große oder kleine Waren-
30 mengen umsetzte, sondern vielmehr in der völlig verschiedenen Geisteshaltung von zwei gegensätzlichen Menschentypen. Der Kaufmann, der nur am Ort Handel trieb, war in seiner Lebensart, seinem Mangel an Unternehmungsgeist, seiner
35 Sparsamkeit und von seiner ganzen Mentalität her noch immer ein Handwerker, der mit einer Anzahl von Kunden, die er persönlich kannte, Geschäfte machte, der sich ängstlich und buchstabengetreu an die Zunftregeln hielt, jedes größere
40 Risiko mied, sich aber dafür mit einer kleinen Gewinnspanne begnügte. Der Kaufmann, der Fernhandel betrieb, […] hatte noch immer etwas von dem verwegenen Unternehmungsgeist seiner Vorgänger, der fahrenden Händler. Er war bereit,
45 große Risiken auf sich zu nehmen, und damit nicht

zuviel auf einmal auf dem Spiel stand, streute er sie so breit wie möglich. Er machte sich mit fremdem Sprachen und fremden Sitten vertraut, passte sich den Bedürfnissen fremder Märkte an, war Kaufmann und Bankier in einem und handelte 50 sowohl en gros als auch en détail.

Iris Origo, „Im Namen Gottes und des Geschäfts". Lebensbild eines toskanischen Kaufmanns der Frührenaissance. Francesco di Marco Datini 1335–1410. Aus dem Englischen und Italienischen von Uta-Elisabeth Trott, Berlin 2000, S. 18 f., 101.

b) Der französische Historiker Fernand Braudel schildert das „Modell Italien 1450–1650" in seinem gleichnamigen Werk von 1989 folgendermaßen:

Seit 1297 verfügt Genua über eine direkte und regelmäßige Seeverbindung zwischen dem Mittelmeer und der Nordsee. […] Um 1317 kann sich Venedig derselben Großtat rühmen. Und bald darauf ist es für Schiffe einer gewissen Größe kein 5 Problem mehr, vom Mittelmeer aus die englischen Häfen und Brügge anzulaufen: eine großartige Leistung des Handels, der mit großem Atem (largo respiro) die direkte Begegnung zwischen dem einander geradezu ideal ergänzenden Warenange- 10 bot (den Tuchen) der Niederlande und der reichen Palette des Nahen und des Fernen Ostens (Pfeffer, Gewürze, Zucker, Parfüme, Seidenstoffe, Farbbeizen und Färbemittel) mithilfe der italienischen Kaufleute vermittelt. So spielt sich an der Periphe- 15 rie ein weit ausholender Handelskreislauf von Brügge bis nach Syrien und Ägypten ein. […]
Zur selben Zeit sind die Niederlande und Italien durch den Frachtverkehr über die großen Alpenpässe (den Brenner und den Sankt Gotthard) mit- 20 einander verbunden […].
1450 vermitteln allein schon die staatlichen Schifffahrtsrouten, also die offiziellen Unternehmungen, das Bild eines Kraken, der mit seinen Armen und Tentakeln den ganzen an die Halbin- 25 sel angrenzenden Raum umspannt. So überschwemmen Venedig und in seinem Kielwasser die anderen italienischen Städte die fernen Häfen mit ihren Gütern und ihrem Geld, auf dass noch größere Reichtümer zu ihnen zurückströmen. 30 Nichts könnte das Zusammenspiel, die durchkalkulierte Beherrschung des Raums, die Überlegenheit in dem so entscheidenden Transportbereich, von dem Italien ja nun schon seit langem lebt, besser veranschaulichen. 35

Fernand Braudel, Modell Italien 1450–1650. Aus dem Französischen von Siglinde Summerer und Gerda Kurz, Berlin 2003, S. 35–39.

Die Fugger in Augsburg – Eine Internetrecherche durchführen

M 11 **www.fugger.de**

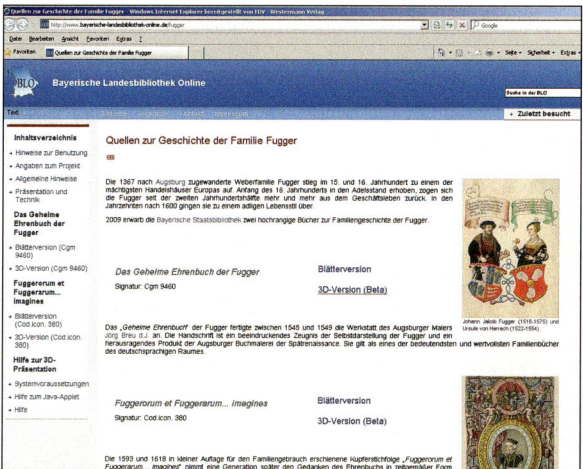

M 12 **www.bayerische-landesbibliothek-online.de**

Aufgaben

1. Entnehmen Sie dem Schulbuchtext „Handels-
   häuser und Handelsmächte" wichtige Informa-
   tionen und stellen Sie diese in übersichtlicher
   Form zusammen. Verwenden Sie dazu die auf
   Seite 37 vorgestellte Struktur-Lege-Technik.
   → Text

2. a) Erläutern Sie die Stammtafel der Medici-
   Familie.
   b) Verorten Sie die drei abgebildeten Vertreter
   der Medici-Familie in der Stammtafel und
   suchen Sie Informationen zu diesen. Stellen
   Sie Ihre Ergebnisse in Form eines Kurzreferats
   im Kurs vor.
   → M6–M9

3. a) Fassen Sie die Aussagen von Iris Origo und
   Fernand Braudel mit eigenen Worten zusammen.
   b) Vergleichen Sie die jeweilige Argumentation
   im Hinblick auf ihre Schwerpunktsetzung.
   c) Welche Argumentation erscheint Ihnen plau-
   sibler? Begründen Sie Ihre Meinung.
   → M10

4. Führen Sie – ausgehend von den angegebenen
   Webseiten – eine Internet-Recherche zu den
   Fuggern durch. Erstellen Sie eine Präsentation
   (zum Beispiel in einer elektronischen Form).
   → M11, M12

Der Kaufmann Georg Gisze (1532)
Gemälde von Hans Holbein d. J. (1497–1543), Öl auf Eichenholz, 96,3 x 85,7 cm

Ein Gemälde aus dem 16. Jahrhundert

Das Bild zeigt den aus Danzig stammenden Hansekaufmann Georg Gisze (1497–1562) in seinem Kontor. Der an der Holzwand hinter der Figur befestigte weiße Zettel nennt den Namen und das Alter des Dargestellten: Im Jahr 1532, als das Porträt entstand, war Gisze 34 Jahre alt und gehörte zu den führenden Männern des Londoner Stalhofs, der einer der mächtigsten Handelsstützpunkte der Hanse war.

Der Maler Hans Holbein der Jüngere (1497–1543), der Georg Gisze vermutlich in dessen eigenem Auftrag porträtiert hat, zeigt diesen in vornehmer Kleidung und umgeben von zahlreichen, teilweise allegorisch zu verstehenden Gegenständen. Schreibzeug, Briefe, Rechnungsbuch, Waage und Siegel dokumentieren Giszes Beruf als Kaufmann.

Mit dem Nelkenstrauß wollte der Maler entsprechend der zeitgenössischen Symbolik Eigenschaften des Dargestellten zum Ausdruck bringen: Die Blumen stehen für unwandelbare Liebe, Treue, Reinheit und Bescheidenheit. Zugleich weist Holbein damit wohl auf die bevorstehende Heirat Giszes hin. Ebenfalls symbolischen Charakter trägt die Dosenuhr neben der Vase, die an das Verrinnen der Zeit und die Vergänglichkeit aller Güter erinnert. Insgesamt dokumentiert das Bild das Selbstbewusstsein eines aufstrebenden Kaufmannes, der als Repräsentant einer auf Handel und Geldgeschäften basierenden frühkapitalistischen Erwerbselite angesehen werden muss.

Fragen an Bildquellen

1. **Die Bildquelle auf sich wirken lassen und den ersten Eindruck formulieren**
   a) Welche Stimmung vermittelt das Gemälde?
   b) Was fällt mir zuerst auf?

2. **Die Entstehung und Überlieferung der Bildquelle klären**
   a) Wann und wie ist das Gemälde entstanden?
   b) Wie groß ist das Gemälde?
   c) Liegt das Original oder eine Bearbeitung bzw. ein Ausschnitt vor?
   d) Wie wurde das Gemälde überliefert?

3. **Die einzelnen Elemente der Bildquelle beschreiben**
   a) Was ist im Einzelnen zu sehen?
   b) Wie ist es dargestellt?
   c) Was befindet sich an welcher Stelle auf dem Gemälde?

4. **Die einzelnen Elemente der Bildquelle entschlüsseln**
   a) Wer ist die abgebildete Person?
   b) Wie stellt der Maler die porträtierte Person dar (z. B. Haltung, Gesichtsausdruck)?
   c) In welcher Umgebung wird die dargestellte Person gezeigt?
   d) Welche Gegenstände sind im Bild erkennbar?

5. **Den Kontext und die historischen Bezüge der Bildquelle erläutern**
   a) In welcher Situation spielte das Gemälde eine Rolle?
   b) Für wen wurde das Gemälde gemalt?
   c) Welche Wirkung hatte das Gemälde?
   d) Sind Anspielungen auf eine bestimmte historische Situation feststellbar?

6. **Die Bildquelle zusammenfassend interpretieren**
   a) Welche Bedeutung hat das Gemälde für unser Wissen über die damalige Lebenswelt eines Kaufmanns?
   b) Lässt sich die Aussage des Gemäldes mithilfe anderer Quellen erhärten?
   c) Wie ist der Quellenwert des Bildes zu beurteilen?

Renaissance und Humanismus

Im Jahre 1563 empfahl der im Dienste der Stadt Venedig stehende Diplomat und Theologe Augustinus Valerius dem venezianischen Adligen Aloisio Cantarini das Studium von Autoren der griechischen und römischen Antike. Zur Begründung führte er an: „So hervorragend war ihre Bildung auf allen Gebieten, dass sie selbst sämtliche eines freien und edlen Menschen würdigen Künste und Wissenschaften erfunden und uns in formvollendeten literarischen Werken überliefert haben."

Worauf gründete sich der Ratschlag des Valerius? Welche Bedeutung besaß die Antike für das geistige Leben des 16. Jahrhunderts, und welche Folgen zeitigte das neue Denken der Renaissance in der Kunst und in den Wissenschaften wie Astronomie oder Medizin? Welche besonderen politischen, wirtschaftlichen und kulturellen Gegebenheiten führten dazu, dass gerade die oberitalienischen Stadtrepubliken zu Zentren der Renaissance-Kultur wurden?

Die Bedeutung der Antike

Die Überlieferung griechischer Texte ist insbesondere der arabischen Kultur zu verdanken. So konnten bereits im Hochmittelalter durch Kontakte zur arabischen Gelehrtenwelt antike Kenntnisse aus Mathematik und Medizin wiedergewonnen werden. Infolge der Gründung von Universitäten seit dem 13. Jahrhundert und mit der Erfindung des Buchdrucks mit beweglichen Lettern im 15. Jahrhundert wurde das Wissen aus den engen Klostermauern hinausgetragen und die christlich-theologische Deutung der Welt zunehmend hinterfragt. Dieses Abschütteln des mittelalterlich-theozentrischen Weltbildes zeigte sich auch in einer erwachenden Begeisterung für den Menschen und seine Fähigkeiten. Seit dem 15. Jahrhundert intensivierte sich daher die Rezeption antiker Autoren.

„Wiedergeburt der Antike"

Der Wandlungsprozess hatte seinen Ausgangspunkt in Italien, wo der Künstlerbiograf Giorgio Vasari 1550 erstmals den Begriff „rinascimento" (dt.: Wiedergeburt) verwendete. Die französische Bezeichnung „Renaissance" wurde erst im 19. Jahrhundert für diese Entwicklung geprägt, die sich von der zweiten Hälfte des 14. Jahrhunderts bis ins 16. Jahrhundert in ganz Europa ausbreitete. Rückblickend wird die Epoche der Renaissance oft als Beginn der Neuzeit gedeutet; sie gilt als Wiege der Moderne schlechthin. Den Zeitraum zwischen Antike und Neuzeit bezeichnete man folglich als „medium aevum", als Zwischenzeit oder Mittelalter.

Der Renaissance-Humanismus wandte sich zum Zwecke einer diesseitsorientierten Lebensgestaltung gegen die (von der christlichen Theologie dominierte) Wissenschaftsmethode des Mittelalters, die sogenannte Scholastik, indem er die Wiederentdeckung und Pflege der antiken Sprache, Literatur und Wissenschaft forderte. Dabei werden die Bezeichnungen „Humanismus" und „Renaissance" meist danach unterschieden, dass „Humanismus" für die Rückbesinnung auf die lateinischen Schriften (besonders Ciceros) steht, während „Renaissance" als umfassender Epochenbegriff die Regeneration der Kultur durch Wiederbelebung der Antike meint. Zu den „studia humanitatis",

M 1 Die Philosophenschule in Athen, Ausschnitt aus dem Renaissancegemälde von Raffael (1483–1520)

von denen Cicero im 1. Jahrhundert v. Chr. sprach, gehörten Rhetorik, Geschichte, Dichtkunst, Philosophie und im weiteren Sinn auch Mathematik und die Naturwissenschaften. Dieses antike Bildungsprogramm wurde zum Orientierungspunkt der Gelehrten der Renaissance und gab der geistigen Bewegung des Humanismus ihren Namen.

Neue Erkenntnisse

Durch das neue humanistische Menschenbild der Renaissance wurden in Europa ungeheure geistige Kräfte freigesetzt. Das Zusammenspiel von technischen, mathematischen und naturwissenschaftlichen Erkenntnissen fand seinen Ausdruck in Architektur, Plastik und Malerei. Ideale Maße und Proportionen spielten sowohl bei der Darstellung des menschlichen Körpers in der Malerei und Skulptur als auch bei der Konzipierung von Gebäuden eine Rolle. Die Künstler entwickelten mit der Zentralperspektive eine Methode, um Raumtiefe darzustellen. Die größten Leistungen wurden in der Zeit der Hochrenaissance (1490/1500 bis 1520) vollbracht: Bramante (1444–1514) fertigte die Zentralbauentwürfe für die Peterskirche in Rom und Michelangelo (1475–1564), Raffael (1483–1520) und Leonardo da Vinci (1452–1519) schufen ihre wichtigsten Werke.

Renaissance-Kultur: Zentren und Persönlichkeiten

Eine besondere Rolle spielte die Stadt Florenz in der Toskana. Hier herrschten seit 1434 die Medici als erfolgreichste Familie der neuen Geld- und Handelsaristokratie. Gemeinsam mit den von ihnen geförderten Künstlern (z. B. Botticelli und Michelangelo) machten sie Florenz zur Metropole der Renaissance.

M 2 **Die Geburt der Venus**
Gemälde von Sandro Botticelli (1445–1510), 172,5 x 278,5 cm, um 1482

M 3 **Blick auf Florenz**
Aktuelle Fotografie

Als Kulminationspunkt aller Tendenzen des Zeitalters kann Leonardo da Vinci angesehen werden, der in universaler Weise bildender Künstler, Dichter und Naturforscher zugleich war. Seine Aufzeichnungen weisen ihn als genauen Beobachter der Natur aus. In seinen Entwürfen für Fluggeräte, Unterseeboote oder Maschinengewehre war er seiner Zeit weit voraus.

Trotz charakteristischer Unterschiede zwischen den verschiedenen politischen Zentren und Regionen (Florenz, Mailand, Venedig, Rom, Ferrara, Mantua und Parma) bildete sich im nördlichen Italien ein eigener Stil heraus, der vom Ausland rezipiert wurde, sodass ein italianisierendes Europa entstand. Handelskontakte mit der arabischen Welt erweiterten zudem den geistigen Horizont des Abendlandes.

Eine „neue" Wissenschaft

Galileo Galilei (1564–1642) steht für einen weiteren Schritt in die Moderne. Obwohl die Universitäten ihren Blick für die antiken Quellen öffneten, blieb ihre seit dem Mittelalter vorherrschende Lehrmethode zunächst unverändert: Im Mittelpunkt der Lehre standen nach wie vor die Einübung und Auslegung vorgeschriebener Lehrbücher. Wie die damalige Gesellschaft, waren auch Fächer, die an der Universität gelehrt wurden, hierarchisch geordnet. Über allem stand die Theologie. Galilei polemisierte gegen die „Historiker oder Doktoren der Auswendiglernerei" mit seinen Forschungen, „die die Welt der Sinne zum Gegenstand" hätten und „nicht eine Welt von Papier". Das Selbstverständnis Galileis und anderer Vertreter neuer Wissenschaften war verbunden mit veränderten methodischen Idealen sowie experimentellen Verfahren und instrumentellen Wahrnehmungshilfen wie dem Fernrohr oder dem Mikroskop.

Orte des neuen Wissens waren die Werkstätten und Laboratorien der Erfahrung (Empirie). Aus dem neuen Forschungsansatz ergaben sich Einsichten, die Vorstellungen infrage stellten, welche jahrhundertelang feststanden. Am prominentesten ist die Entwicklung des heliozentrischen Weltbildes, das sich allerdings trotz der bahnbrechenden Forschungen des Nikolaus Kopernikus (1473–1543) aufgrund des Konfliktpotenzials mit der Kirche nur langsam durchsetzte.

M 4 **Galileo Galilei**
(1564–1642), Zeichnung von
Ottavio Mario Leoni, 1624

Zwei Weltbilder im Vergleich – Arbeiten mit Holzschnitten und Textquelle

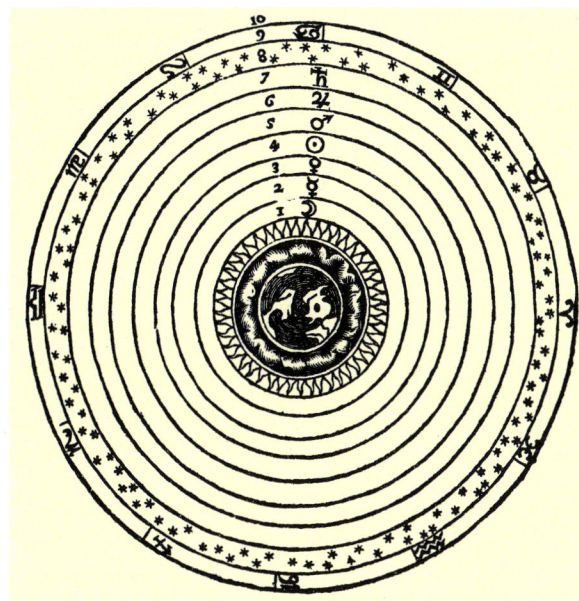

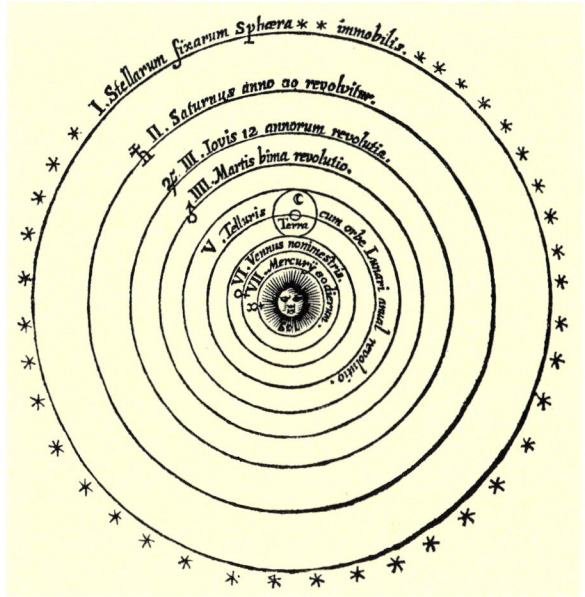

M 5 Vereinfachte Darstellung des ptolemäischen Weltbildes
Holzschnitt, 1658

M 6 Vereinfachte Darstellung des koperni-kanischen Weltbildes
Holzschnitt, 1658

M 7 Das heliozentrische Weltbild des Kopernikus: Hypothese oder Realität?

Im Jahre 1543 erschien in Nürnberg das Haupt-werk von Nikolaus Kopernikus „De revolutionibus orbium coelestium", in dem er sein Weltbild dar-stellt. Diesem Buch ist ein anonymes Vorwort vorangestellt, von dem man inzwischen weiß, dass es von Andreas Osiander geschrieben wurde. In der Fachliteratur findet sich die Behauptung, dass Kopernikus dieses Vorwort nicht akzeptiert hätte:

Eigentliche Aufgabe des Astronomen ist nämlich, die ‚Geschichte' der Himmelsbewegungen auf-grund von gewissenhaften und scharfsinnigen Beobachtungen zusammenzutragen; sodann der-

5 selben Ursachen oder vielmehr irgendwelche Hypothesen darüber, da er die wahren Ursachen mit keinem wissenschaftlichen Verfahren erhalten kann, auszudenken und zusammenzufügen (hypotheses […] qualescunque excogitare et con-

10 fingere), auf deren Grundlage (quibus suppositis) eben diese Bewegungen mittels der Prinzipien der Geometrie ebenso für die Zukunft wie für die Ver-gangenheit richtig berechnet werden können. Für beides hat dieser Meister [artifex: Copernicus]

15 Hervorragendes geleistet. Es ist nämlich nicht erforderlich, dass diese Hypothesen wahr sind (eas hypotheses esse veras), ja nicht einmal, dass sie wahrscheinlich sind (verisimilis), sondern es reicht schon allein aus, wenn sie eine mit den Beobach-tungen übereinstimmende Rechnung ergeben. 20 […] Da sich für ein und dieselbe Bewegung ver-schiedene Hypothesen anbieten (wie bei der Bewegung der Sonne der Exzenter und der Epizy-kel), wird der Astronom diejenige als die geeig-netste annehmen, die am leichtesten zu verstehen 25 ist. Der Philosoph [‚Physiker'] wird vielleicht grö-ßere Wahrscheinlichkeit suchen. Keiner von bei-den wird jedoch etwas Sicheres erreichen oder schriftlich hinterlassen, wenn es ihm nicht durch göttliche Eingebung enthüllt worden ist. Gestat- 30 ten wir also auch diesen neuen Hypothesen neben den alten, als die sie aber um nichts wahrschein-licher sind, bekannt zu werden, zumal sie zugleich bewunderungswürdig und leicht zu verstehen sind und einen gewaltigen Schatz gelehrtester 35 Beobachtungen mit sich führen.

Zit. nach: Fritz Krafft, Hypothese oder Realität. Der Wandel der Deutung mathematischer Astronomie bei Copernicus, in: Gudrun Wolfschmidt (Hg.), Nicolaus Copernicus (1473–1543). Revolutionär wider Willen (Begleitbuch zur Copernicus-Ausstel-lung 1994 in Berlin), Stuttgart 1994, S. 107 f.

Ein Gemälde der Renaissance interpretieren

M 8 **Die Schule von Athen,** Fresko von Raffael (1483–1520), 1510/11
Breite ca. 10,55 m, Rom, Vatikan

M 9 **Umzeichnung:** ① Platon, ② Aristoteles, ③ Sokrates, ④ Xenophanes, ⑤ Aischinos (oder Alkibiades), ⑥ Alkibiades (oder Alexander), ⑦ Zenon von Kition, ⑧ Epikur, ⑨ Federico Gonzaga, ⑩ Averroes, ⑪ Pythagoras, ⑫ Francesco Maria della Rovera, ⑬ Heraklit, ⑭ Diogenes, ⑮ Euklid, ⑯ Zoroaster

a) „Raffael":

(1483–1520), eigentlich Raffaello Santi, italienischer Maler und Baumeister, geboren in Urbino (Mittelitalien). Er wurde 1508 von Papst Julius II. an den päpstlichen Hof nach Rom berufen und
5 hatte seit 1514 die Bauleitung der Peterskirche inne; von seinen Plänen wurde allerdings nur wenig ausgeführt. Zu seinen Hauptwerken zählen die Fresken (u. a. die sogenannte „Disputa" und „Die Schule von Athen") in den Prunkgemächern
10 des Vatikans (Stanzen), die Fresken in der Villa Farnesina, die „Sixtinische Madonna" (heute in Dresden, Gemäldegalerie) und andere Madonnenbilder sowie Porträts. Raffael stellt den Menschen in harmonischer Schönheit dar (klassisches
15 Ideal). Mit Michelangelo und Leonardo da Vinci zählt er zu den größten Künstlern der Renaissance.

b) „Platon":

(lat.: Plato; 427–347 v. Chr.), griechischer Philosoph aristokratischer Abstammung aus Athen. Der Schüler des Sokrates studierte u. a. bei Euklid in Megara, möglicherweise auch in Ägypten. Er lebte
5 am Hof von Dionysios I. in Syrakus, um durch dessen Gunst seine staatspolitische Ideenlehre (Herrschaft der Philosophen) verwirklichen zu können (388/87). Zurück in Athen, gründete Platon die Akademie (387 v. Chr.), die bis zur Aufhebung
10 durch Kaiser Justinian (529 n. Chr.) bestand. Bis in die heutige Zeit wirken seine in den Schriften „Der Staat" („Politeia") und „Die Gesetze" („Nomoi") begründeten politischen Lehren fort.

c) „Aristoteles":

(384–322 v. Chr.), griechischer Philosoph. Sein Vater Nicomachos war Leibarzt bei Amyntas III. von Makedonien, dem Vater Philipps II. In Athen wurde Aristoteles an der Akademie Schüler Platons
5 (367). Nach dessen Tod (347) gründete er eine eigene Akademie in Mitylene auf der Insel Lesbos (343). Aristoteles war Lehrer Alexanders am makedonischen Hof (343–340 v. Chr.) und erhielt auch später nachhaltige Förderung von Alexander für
10 seine naturwissenschaftlichen Forschungen. Wieder in Athen, gründete er eine eigene Philosophenschule, das Gymnasion Lykaion (336/35). Aristoteles fasste das Wissen der Antike fast vollständig zusammen und systematisierte es. Durch
15 arabische Übersetzungen wurden seine Erkenntnisse auch nach dem Untergang des Weströmischen Reichs bewahrt und über das maurische Spanien im 12. Jahrhundert wieder dem Westen, zunächst der Universität Paris, vermittelt. Als
20 Grundlage der mittelalterlichen Scholastik war die Lehre des Aristoteles bis zum Aufkommen der modernen Naturwissenschaften ab dem 16. und 17. Jahrhundert maßgeblich, die aristotelische Logik wirkte bis ins 20. Jahrhundert.

d) „Zentralperspektive":

Darstellung eines Raumes auf einer zweidimensionalen Bildfläche auf eine Weise, die den Raum und die darin enthaltenen Gegenstände dem Betrachter erscheinen lässt wie unter den Sehbedingungen im wirklichen Raum.
5
Die Prinzipien der Zentralperspektive beruhen auf der perspektivischen Verkürzung: Alle ins Bild laufenden Linien schneiden sich im sogenannten Fluchtpunkt, der auf der Horizontlinie liegt. Dinge, die vom Betrachter weiter entfernt erscheinen
10 sollen, sind kleiner dargestellt als Gegenstände im Vordergrund. Der sogenannte Augenpunkt bestimmt den Blickwinkel des Betrachters. Liegt der Augenpunkt hoch im Bild, erscheint es in der Vogelperspektive, liegt er sehr tief, sieht der
15 Betrachter aus der Froschperspektive. Eine gute Tiefenwirkung erreicht der Maler v. a. durch gleichartige Gegenstände, die sich mit zunehmender Entfernung gleichmäßig verkürzen, z. B. einer Säulenreihe, einer Baumallee oder einer
20 Häuserflucht.
Die Anwendung der Zentralperspektive setzt profunde mathematische und optische Kenntnisse voraus und wurde erst in der Kunst der Renaissance konsequent angewendet. Einzelne Ele-
25 mente wie räumliche Anordnung der Gegenstände, Größenverminderung und Verkürzung finden sich allerdings schon in der griechischen und besonders der römischen Wandmalerei.
Die Malerei des Mittelalters hatte räumliche Ele-
30 mente fast völlig verdrängt und stattdessen eine flächige, von Farben dominierte Malweise gepflegt. Anfang des 15. Jh.s, zu Beginn der Renaissance, entwickelte sich in Florenz mit zunehmendem Interesse an der Wissenschaft die per-
35 spektivisch richtige Malerei auf der Grundlage mathematischer Berechnungen.

a), b) © Bibliographisches Institut & F. A. Brockhaus AG, 2006

c) Immanuel Geiss, Geschichte griffbereit. Personen – Die biographische Dimension der Weltgeschichte, Gütersloh/München 2002, S. 37 und S. 39.

d) http://www.wissen-digital.de

Mythos „Renaissance"? – Darstellungen vergleichen

M 11 Jacob Burckhardt

Der Schweizer Kulturhistoriker Jacob Burckhardt schreibt in seinem Werk „Die Kultur der Renaissance in Italien", einem Standardwerk über die Renaissance, Folgendes (1860):

Im Mittelalter lagen die beiden Seiten des Bewusstseins – nach der Welt hin und nach dem Innern des Menschen selbst – wie unter einem gemeinsamen Schleier träumend oder halbwach.
5 Der Schleier war gewoben aus Glauben, Kindesbefangenheit und Wahn; durch ihn hindurchgesehen erschienen Welt und Geschichte wundersam gefärbt, der Mensch aber erkannte sich nur als Rasse, Volk, Partei, Korporation [Körperschaft,
10 Zusammenschluss, z. B. Zünfte und Gilden], Familie oder sonst in irgendeiner Form des Allgemeinen.
In Italien zuerst verweht dieser Schleier in die Lüfte; es erwacht eine objektive Betrachtung und
15 Behandlung des Staates und der sämtlichen Dinge dieser Welt überhaupt; daneben aber erhebt sich mit voller Macht das Subjektive; der Mensch wird geistiges Individuum und erkennt sich als solches. So hatte sich einst erhoben der Grieche gegen-
20 über den Barbaren, der individuelle Araber gegenüber den andern Asiaten als Rassenmenschen. Es wird nicht schwer sein nachzuweisen, dass die politischen Verhältnisse hieran den stärksten Anteil gehabt haben.
25 [...]
Mit Ausgang des 13. Jahrhunderts aber beginnt Italien von Persönlichkeiten zu wimmeln; der Bann, welcher auf dem Individualismus gelegen, ist hier völlig gebrochen; schrankenlos spezialisie-
30 ren sich tausend einzelne Gesichter. Dantes große Dichtung wäre in jedem andern Lande schon deshalb unmöglich gewesen, weil das übrige Europa noch unter jenem Banne der Rasse lag; für Italien ist der hehre [erhabene, herausragende] Dichter
35 schon durch die Fülle des Individuellen der nationalste Herold [Verkündiger, Vertreter] seiner Zeit geworden. [...]
Mit voller Ganzheit und Entschiedenheit tritt sie in die Geschichte ein; Italien weiß im 14. Jahrhundert
40 wenig von falscher Bescheidenheit und von Heuchelei überhaupt; kein Mensch scheut sich davor, aufzufallen, anders zu sein und zu scheinen als die andern.

http://digi.ub.uni-heidelberg.de/diglit/burckhardt1860a

M 12 Peter Burke

Der englische Historiker Peter Burke schreibt in einem Essay (1990):

Beim Klang des Wortes „Renaissance", so bemerkte der holländische Historiker Johan Huizinga, „sieht der Träumer vergangener Schönheit Purpur und Gold". Vor seinem – oder ihrem – geistigen Auge erscheinen Botticellis Geburt der Venus, 5 Michelangelos David, Leonardos Mona Lisa, Erasmus, die Loireschlösser und Spensers Faerie Queene [der englische Dichter Edmund Spenser (um 1552 bis 1599) leitete mit seinem Versepos „The Faerie Queene" („Die Feenkönigin") eine 10 neue Epoche in der angelsächsischen Literatur ein, die englische Renaissance], verschmolzen zur Gesamtschau eines goldenen Zeitalters der Kreativität und Kultur.
Dieses Bild der Renaissance – mit bestimmtem 15 Artikel – geht auf die Mitte des neunzehnten Jahrhunderts zurück, [...] vor allem [...] auf den Schweizer Kulturhistoriker Jacob Burckhardt, dessen berühmtes Werk *Die Kultur der Renaissance in Italien* von 1860 die Epoche durch die beiden 20 Begriffe „Individualismus" und „Moderne" definierte. [...] Dieses Bild der Renaissance [gemeint ist das Renaissance-Bild Jacob Burckhardts] ist ein Mythos. [...]
Erstens war die Renaissance von Burckhardt als 25 der Anbruch der Moderne definiert worden, eine These, über die die Historiker im Laufe der Zeit immer weniger glücklich sind. Dies liegt teils daran, dass Burckhardt von einem einfachen evolutionistischen [in der Entwicklung allmählich 30 fortschreitenden] Modell des kulturellen Wandels ausgeht, das in dieser Form heute fast niemanden mehr überzeugt, teils an dem veränderten Selbstverständnis der westlichen Intellektuellen, die im Laufe der letzten Generation mehr oder weniger 35 zähneknirschend zu der Überzeugung gelangt sind, dass sie in einer „postmodernen" Welt leben. Jedem, der diese Überzeugung teilt, muss die Renaissance zwangsläufig ferner liegen denn je zuvor.
40
Zweitens fällt es uns doch viel schwerer als noch zu Burckhardts Tagen, die Errungenschaften der Renaissance gegen die des Mittelalters auf der einen und des siebzehnten und achtzehnten Jahrhunderts auf der anderen Seite abzugrenzen, 45 obwohl die Leistungen Petrarcas, Leonardos und der vielen anderen Künstler, Schriftsteller und

Gelehrten uns nach wie vor Bewunderung abverlangen. […]

50 Was also bleibt uns? Es besteht in der Geschichtsforschung keine Einigkeit. Manche Historiker der immer noch „Renaissanceforschung" genannten Disziplin arbeiten weiter, als wäre nichts geschehen. Andere, auch der Autor dieses Essays, bemü-
55 hen sich, die Ereignisse im Florenz des vierzehnten, im Italien des fünfzehnten und im Europa des sechzehnten Jahrhunderts in eine Sequenz [(Auf-einander-)Folge] von miteinander verknüpften Veränderungen zu stellen, die etwa vom Jahr 1000
60 bis zum Jahr 1800 reicht. Diese langfristigen Entwicklungen könnte man als „Verwestlichung des Abendlandes" bezeichnen. Gemeint ist, dass sich zumindest die oberen Klassen Europas im Laufe dieser Entwicklungen zunehmend von anderen Menschen zu unterscheiden begannen, wie an der 65 Geschichte der sogenannten „Entdeckung" und Eroberung des restlichen Globus abzulesen ist. Manche dieser Entwicklungen waren technischer Natur: die Erfindung der Feuerwaffen, mechanischer Uhren, des Buchdrucks, neuer Typen von 70 Segelschiffen und von Maschinen, die das Spinnen und Weben beschleunigten.

Peter Burke, Die Renaissance, Berlin 1990, S. 7, 101 f.

Das Partnerinterview

Das Partnerinterview ist eine Methode zur kooperativen Erarbeitung von Lernstoffen, bei der jeweils zwei (im Ausnahmefall drei) Lernpartner miteinander zusammenarbeiten. Nach der Phase der individuellen Aneignung, in der jede Schülerin/jeder Schüler das zu bearbeitende Material genau studiert und gegebene Aufgabenstellungen bearbeitet, arbeiten die Lernenden zu zweit weiter, indem sich die Lernpartner gegenseitig Fragen stellen. Diese können zum Beispiel auf Kärtchen geschrieben werden, die dann gemischt und nach dem Zufallsprinzip ausgewählt und beantwortet werden.

Derjenige Lernpartner, der die Frage stellt, überprüft die Antwort des anderen. Wenn er die Antwort für falsch oder lückenhaft hält, teilt er dies dem anderen mit, der seine Antwort korrigieren kann. Kommt es zu Unstimmigkeiten über die Qualität einer Antwort, kann im Ausgangsmaterial nachgeschaut werden. Müssen aus technischen Gründen Dreiergruppen gebildet werden, interviewen entweder immer zwei Mitglieder eines Lernteams das dritte Teammitglied, oder das dritte Teammitglied übernimmt die Rolle des Beobachters, achtet auf den Zeitrahmen und entscheidet über die Qualität der Antworten.
Die Fragen können von den Lernpartnern auch selbst entwickelt oder variiert werden.

Beispiel:
Als Beispiel für dieses Verfahren hier einige Fragen für ein Partnerinterview, die sich auf den Schulbuchtext „Renaissance und Humanismus"(Seiten 44–46) beziehen:

Lernpartner A	Lernpartner B
Welche Bedeutung hatte die arabische Kultur für die Renaissance?	
	Wer verwendete erstmals den Begriff „rinascimento"?
Welche Künstler und Wissenschaftler entwickelten und nutzten „neue Erkenntnisse"? Nenne vier Personen.	
	Welche Bedeutung hatte Leonardo da Vinci?
Welche neuen methodischen Ideale kennzeichnen Galileo Galilei?	
	(weitere Fragen)
(weitere Fragen)	

Ursprünge der modernen Wissenschaft im Spiegel zeitgenössischer Quellen

M 13 „De humani corporis fabrica libri septem"
Titelblatt der zweiten Auflage des Hauptwerks von Andreas Vesal, dem Begründer der modernen Anatomie, Basel 1555 (Erstauflage: 1543). Übersetzung der Tafel: „Sieben Bücher über den Bau des menschliches Körpers von Andreas Vesalius aus Brüssel, dem Leibarzt Kaiser Karls V."

Dialog über die beiden hauptsächlichsten Weltsysteme

Im „Dialog über die beiden hauptsächlichsten Weltsysteme. Das Ptolemäische und das Kopernikanische" lässt Galileo Galilei drei Gelehrte streiten. Einer kritisiert die Autorität des Aristoteles. Er wird von einem zweiten mit dem sprechenden Namen Signore Simplicio gefragt: „Wenn man sich aber von Aristoteles lossagt, wer soll Führer in der Wissenschaft sein? Nennt Ihr irgendwelchen Autor!" Die Antwort lautet:

Des Führers bedarf man in unbekannten wilden Ländern, in offener ebener Gegend brauchen nur Blinde einen Schutz. Wer zu diesen gehört, bleibe besser daheim. Wer aber Augen hat, körperliche
5 und geistige, der nehme diese zum Führer! Darum sage ich nicht, dass man Aristoteles nicht hören soll, ja ich lobe es, ihn einzusehen und ihn fleißig zu studieren. Ich tadele nur, wenn man auf Gnade oder Ungnade sich ihm ergibt, derart, dass man
10 blindlings jedes seiner Worte unterschreibt, und ohne nach anderen Gründen zu forschen, diese als ein unumstößliches Machtgebot anerkennen soll. Es ist das ein Missbrauch, der ein anderes schweres Übel im Gefolge hat: Man bemüht sich nicht mehr,
15 sich von der Strenge seiner Beweise zu überzeugen. Was kann es Schmählicheres geben als zu sehen, wie bei öffentlichen Disputationen, wo es sich um beweisbare Behauptungen handelt, urplötzlich jemand ein Zitat vorbringt, das gar oft
20 auf einen ganz anderen Gegenstand sich bezieht und mit diesem dem Gegner den Mund verstopft? Wenn ihr aber durchaus fortfahren wollt, auf diese Weise zu studieren, nennt Euch fernerhin nicht

Philosophen, nennt Euch Historiker oder Doktoren der Auswendiglernerei; denn wer niemals philo- 25 sophiert, der darf den Ehrentitel eines Philosophen nicht beanspruchen […]. Darum, Signore Simplicio, bringt uns Eure Beweise oder des Aristoteles Gründe und Beweise, nicht aber Zitate und bloße Autoritäten; denn unsere Untersuchungen haben die 30 Welt der Sinne zum Gegenstand, nicht eine Welt von Papier.

Galileo Galilei, Dialog über die beiden hauptsächlichsten Weltsysteme. Das Ptolemäische und das Kopernikanische, hrsg. v. Roman Sexl und Karl von Meyenn, Darmstadt 1982, S. 117 f.

„Discours de la Méthode"

René Descartes schildert im „Discours de la Méthode" die Enttäuschung über die traditionelle Wissenschaft als Ausgangspunkt seines „methodischen Zweifels":

Von Kindheit an habe ich wissenschaftliche Bildung genossen, und da man mir einredete, dass man sich mithilfe der Wissenschaften eine klare und gesicherte Kenntnis alles für das Leben Nützlichen aneignen könne, so wünschte ich sehnlich, 5 sie zu erlernen. Doch sobald ich den ganzen Studiengang durchlaufen hatte, an dessen Ende man für gewöhnlich unter die Gelehrten aufgenommen wird, änderte ich völlig meine Meinung. Denn ich fand mich verstrickt in so viel Zweifel und 10 Irrtümer, dass es mir schien, als hätte ich aus dem Bemühen, mich zu unterrichten, keinen anderen Nutzen gezogen, als mehr und mehr meine Unwissenheit zu entdecken.

René Descartes, Discours de la Méthode. Von der richtigen Methode des richtigen Vernunftgebrauchs und der wissenschaftlichen Forschung, hrsg. v. Lüder Gäbe, Hamburg 1960 (Philosophische Bibliothek Bd. 261), S. 7–9.

Aufgaben

1. Erläutern Sie die Begriffe „Renaissance" und „Humanismus". → Text
2. Interpretieren Sie mithilfe der bereitgestellten Materialien das Gemälde „Schule von Athen". Nutzen Sie dazu das Methodenkompendium in diesem Band. → M8–M10
3. Arbeiten Sie heraus, wie Jacob Burckhardt und Peter Burke jeweils den Stellenwert der Renaissance bewerten. → M11, M12
4. a) Beschreiben Sie das Titelbild des Werkes von Vesalius.
   b) Der Autor hat sich selbst im Zentrum des Bildes am Seziertisch darstellen lassen. Welche Rückschlüsse auf das Selbstverständnis

des Arztes und Anatomen Vesalius lassen sich daraus ziehen? → M13
5. a) Untersuchen Sie, welche neue Auffassung von Wissenschaft und Bildung von Galileo Galilei postuliert wird.
   b) Diskutieren Sie die damit verbundenen neuen Methoden des Erkenntnisgewinns.
   → M14, Text
6. a) Informieren Sie sich über Person und Bedeutung von René Descartes und fertigen Sie eine Kurzbiografie an.
   b) Vergleichen Sie die Aussagen von Galileo Galilei mit denen von René Descartes.
   → Text, M14, M15, Bibliothek, Internet

M 1 „Der Eroberer Cortés bezahlt einen Sklavenhändler", Gemälde von Diego Rivera, 1951

Der Beginn der Europäisierung der Welt

Entdeckung der Neuen Welt

In der Mitte des 15. Jahrhunderts wurden die bisherigen Grenzen europäischer Herrschaft durchbrochen. Den Ausgangspunkt dafür bildeten die Entdeckungsreisen der Spanier und Portugiesen, die sich vor allem aus wirtschaftlichen Motiven aufmachten, neue Seewege zu erschließen. In erster Linie suchte man eine Schiffsroute nach Indien. Der Grund hierfür lag am Bosporus – die Osmanen besetzten 1453 Konstantinopel und versperrten den europäischen Mächten so die Handelsrouten auf dem Landweg. Da die europäischen Mächte nicht auf Gewürze, Baumwolle oder Seide verzichten wollten, versammelten sie die besten Seefahrer, Navigatoren und Schiffsbauer, um optimale Voraussetzungen für die Etablierung von Seerouten zu schaffen. Hinzu kamen der Wunsch nach einer Ausweitung des Zuckerhandels und das Anliegen, Bündnispartner im Kampf gegen das Osmanische Reich zu gewinnen.

Konkurrenz zwischen Spanien und Portugal

Vor allem Spanien und Portugal befanden sich im Wettbewerb um die Erkundung neuer Schiffsrouten. Die Konkurrenz der beiden Seemächte führte zu entscheidenden technischen Entwicklungen, die für zukünftige Expeditionen unverzichtbar waren. Als geeigneter Schiffstyp für die langen Überfahrten erwies sich die neu entwickelte Karavelle. Sie war ein wendiges, schnelles Schiff, das sich auf hoher See gut manövrieren ließ.

Die Portugiesen machten den ersten Schritt. Sie stachen bereits im Jahr 1487 in See und umschifften die Südspitze Afrikas, das Kap der Guten Hoffnung. Christoph Kolumbus, ein Seefahrer aus Genua, suchte etwa zur gleichen Zeit Unterstützung für die Suche einer Westroute nach Indien, wurde jedoch erst 1492 durch die spanische Krone mit der Erkundung dieses Seeweges beauftragt. Er brach noch im selben Jahr auf, und schon am 12. Oktober 1492 betrat Christoph Kolumbus die Neue Welt.

Ein Mann „entdeckt" Amerika?

Der Name Christoph Kolumbus ist untrennbar mit der Entdeckung des amerikanischen Kontinents, der „Neuen Welt", verbunden. Als Sohn einer Handwerkerfamilie wurde er 1451 in Genua geboren. Über sein Leben vor der Entdeckung Amerikas gibt es leider nur wenige Informationen. Es heißt, dass er über gute Kenntnisse in Mathematik und Latein verfügte. Schon früh soll er zur See gefahren sein; ob er sich allerdings tatsächlich auch als Seeräuber im Mittelmeer betätigt hat, wie manche behaupten, ist umstritten. Gewiss ist aber, dass er um 1480 in Portugal lebte. Sein Sohn berichtete später, dass Kolumbus zu dieser Zeit begann, der Idee einer westlichen Schifffahrtsroute nach Indien anzuhängen. Dabei stützte er sich auf die Gedanken des Kartografen Toscanelli.

Mit seinem Plan wandte Kolumbus sich zwischen 1484 und 1491 zunächst mehrfach erfolglos an den portugiesischen und an den spanischen Königshof, bevor sein Vorhaben endlich Gehör fand: Durch einen Vertrag mit der spanischen Krone im April 1492 erhielt er dann doch noch einen offiziellen Auftrag für seine Expedition. Anfang August 1492 brach er mit drei Schiffen auf, war dann aber wegen Reparaturarbeiten zu einem Halt auf den Kanarischen Inseln gezwungen, die er schließlich am 6. September wieder verließ. Am 12. Oktober betrat Christoph Kolumbus eine Insel der heutigen Bahamas und damit die Neue Welt. Dieser Reise sollten bis zum Jahr 1504 noch weitere folgen.

Für seine Leistung wird Christoph Kolumbus auch noch heute besonders in Europa und Nordamerika verehrt, obwohl wir heute wissen, dass er nicht der erste Europäer war, der amerikanischen Boden betrat, denn dies hatten um 1000 n. Chr. bereits die Wikinger getan. Kolumbus selbst war sich seiner eigentlichen Leistung bis zu seinem Tod nicht bewusst, da er glaubte, den Seeweg nach Indien gefunden zu haben.

Spätestens seit dem 500. Jubiläum der Entdeckung Amerikas setzt man sich nun auch intensiver mit den Folgen des Jahres 1492 für die südamerikanischen indigenen Völker und deren Nachfahren auseinander.

Die Azteken – Eine indianische Hochkultur

Die Entdecker der Neuen Welt berichteten von ihren Begegnungen mit Insel- und Küstenbewohnern an der Ostküste Südamerikas, dass die Ureinwohner völlig fremdartige und wilde Völker wären. Die spanischen Eroberer, die bald folgten und die sich vor allem in Mittelamerika und im Norden Südamerikas festsetzten, stießen bei den Völkern der Inka, der Maya und der Azteken jedoch auf Gesellschaftsordnungen und Lebensweisen, die in gewisser Weise mit denen der Alten

M 2 **Christoph Kolumbus (1451–1506)**
Gemälde von Ridolfo Ghirlandaio, um 1520

M 3 Hernán Cortés (1485–1547)
Spanischer Eroberer Mexikos,
anonymes Gemälde, 16. Jahrhundert

Welt vergleichbar waren. Die Geschichtswissenschaft bezeichnet diese Völker als Hochkulturen.

Die Azteken sollen sich in der Mitte des 14. Jahrhunderts im Tal von Mexiko angesiedelt haben, wo sie ihre Hauptstadt Tenochtitlán errichteten. Deren altes Stadtgebiet bildet noch heute den Kern der mexikanischen Hauptstadt. Tenochtitlán war auf mehreren Inseln inmitten eines Sees erbaut, und die mit Dämmen verbundenen Stadtteile waren von Kanälen durchzogen. In den mehrgeschossigen, teilweise sogar gemauerten Häusern lebten um 1500 über 150 000 Menschen – Tenochtitlán war zu jener Zeit also eine der größten Städte der Welt. Die verschiedenen gesellschaftlichen Gruppen wohnten in unterschiedlichen Teilen der Stadt, handelten miteinander und betrieben Landwirtschaft auf den sogenannten schwimmenden Gärten, die auf den Seen und Kanälen der Stadt lagen. Die Azteken breiteten sich Ende des 14. Jahrhunderts über das Tal von Mexiko aus und unterwarfen gewaltsam umliegende Siedlungen und andere Völker. Auf diese Weise wurde ihr Reich zu einem Vielvölkerstaat, der sich zu Beginn des 16. Jahrhunderts über nahezu das ganze Gebiet des heutigen Mexikos ausdehnte. Nachrichten über diese Hochkultur, über die gesellschaftliche und wirtschaftliche Ordnung, die Religion und das Militärwesen, besitzen wir vor allem von gelehrten Geistlichen, die mit den spanischen Eroberern ins Land kamen. Sie ließen Bilder von den Besiegten anfertigen, um so zu einem inneren Verständnis der aztekischen Kultur zu gelangen.

Spanische Eroberungen

Durch die Eroberung des Aztekenreiches 1519–1521 durch Hernán Cortés und die Niederwerfung der Inkas durch Francisco Pizarro 1531–1533 konnten die Spanier innerhalb kürzester Zeit weite Teile Süd- und Mittelamerikas unter ihre Herrschaft bringen. Entscheidend für den Erfolg der Spanier waren ihre überlegene Waffentechnik, die Anfälligkeit der Eingeborenen für eingeschleppte Krankheiten und Rivalitäten der eingeborenen Stämme.

Hernán Cortés und seine Männer waren von den reichen Schätzen angetan, mit denen sie bei ihrer Landung von den Azteken empfangen wurden. Der aztekische Herrscher Moctezuma beabsichtigte mit diesen wertvollen Geschenken eigentlich, die Fremden zum Verlassen seines Reiches zu bewegen. Er hatte sich getäuscht: Die Spanier nahmen Moctezuma gefangen und eroberten Mexiko bis 1520 vollständig.

Das koloniale Herrschaftssystem der Spanier

Die Eroberungen machten den Weg frei für die Errichtung eines spanischen Kolonialreiches, das bis zur Mitte des 20. Jahrhunderts Bestand haben sollte. Dabei hielten sich im 15. und 16. Jahrhundert in der Kolonialpolitik Spaniens ökonomisch-machtpolitische und missionarisch-zivilisatorische Ziele in etwa die Waage.

Im 16. Jahrhundert entstanden zunächst zwei Vizekönigreiche: Neu-Spanien (1536) und Peru (1543), an deren Spitze jeweils ein Vizekönig stand, der als Vertreter der Krone die oberste Regierungsgewalt ausübte. Um nach der Eroberung die Herrschaft dauerhaft zu sichern, gründeten die Spanier zahlreiche Städte. Diese dienten vornehmlich als Militärstützpunkte und als Ausgangspunkte für die koloniale Durchdringung des Hinterlandes. Daneben wurde das soge-

M 4 Bartolomé de Las Casas
(1474–1566)
Spanischer Geistlicher und
Geschichtsschreiber, anonymes
Gemälde, um 1690

M 5 Ansichten von „Mexico"
Links die aztekische Hauptstadt Tenochtitlán, rechts Cuzco, die Hauptstadt des Inkareiches, kolorierte Radierung von Franz Hogenberg (um 1538–1590), aus: Georg Braun und Franz Hogenberg, Civitates Orbis Terrarum, Bd. 1, Köln 1572

nannte Encomienda-System eingeführt, das zur Unterwerfung der einheimischen Bevölkerung führte. Diese wurde auf Befehl der spanischen Krone einem Konquistadoren „in encomienda" übergeben, d. h. „anvertraut", und musste Arbeiten verrichten und Tributleistungen erbringen, die der Krone zuflossen. Im Gegenzug verpflichteten sich die Konquistadoren, die Eingeborenen zu schützen und zu christianisieren. Die Encomienda unterschied sich kaum von der Sklaverei, auch wenn die Eingeborenen freie Lohnarbeiter blieben. Sie arbeiteten und lebten zumeist unter unmenschlichen Bedingungen. Gelehrte Theologen und Juristen übten Kritik an diesen Umständen – allen voran Bartolomé de Las Casas, ein Priester, der selbst in der Neuen Welt tätig war. Vor diesem Hintergrund reagierte die spanische Krone schließlich und bemühte sich um eine Einschränkung der menschenunwürdigen Behandlung: Die Encomienda wurde 1542 praktisch abgeschafft.

Neben dem Abbau von Gold und Silber war auch der Anbau von Zuckerrohr, Tabak, Kaffee und Kakao von großer Bedeutung: All diese Produkte waren in der Alten Welt begehrte Importartikel.

Parallel zur Eroberung des Landes verfolgten die Spanier das Ziel, die einheimische Bevölkerung zu christianisieren. Ausgehend von der Überzeugung der Überlegenheit christlicher Normen und Werte, wurde die Mission auch mit Gewalt betrieben: Zwangstaufen und Zerstörungen von Heiligtümern und religiösen Zeichen der einheimischen Bevölkerung waren an der Tagesordnung.

Die Kolonien und das Mutterland

Hernán Cortés erlangte mit der Unterwerfung des Aztekenreiches und der Gründung Neuspaniens großes Ansehen und großen Reichtum. Er brachte Gold, Edelsteine und exotische Tiere nach Europa und berichtete Kaiser Karl V. persönlich von den Eroberungen. Die

M 6 „Erzürnung des Indianerkönigs Panchiaco über die Goldgier der Spanier unter Balboa"
Kolorierter Kupferstich von Theodor de Bry (1528–1598), aus: Theodor de Bry, Americae, Teil IV, 1594

Zum Weiterlesen

Hans-Joachim König, Kleine Geschichte Lateinamerikas, Stuttgart 2006 (Lizenzausgabe für die Bundeszentrale für politische Bildung als Schriftenreihe, Band 583, Bonn 2006)

Hans Pohl, Die Wirtschaft Hispanoamerikas in der Kolonialzeit (1500–1800), Stuttgart 1996

Norbert Rehrmann, Lateinamerikanische Geschichte. Kultur, Politik, Wirtschaft im Überblick, Reinbek bei Hamburg 2005

rechtliche Grundlage seines Vorgehens war durch das Encomienda-System gegeben. Als eigentlicher Lehnsherr über die Kolonien galt die spanische Krone; Cortés und die anderen Konquistadoren handelten in deren Auftrag. In diesem Zusammenhang sind mehrere Briefe des Cortés an den Kaiser erhalten. Man geht davon aus, dass diese auch falsche Informationen enthalten – Cortés kam es in erster Linie auf das Wohlwollen des Kaisers an. Diesem wiederum war an einer Begrenzung des Reichtums und der Macht der Eroberer gelegen: Das Abhängigkeitsverhältnis im Sinne der Encomienda musste gewahrt werden. Auf der einen Seite benötigte der Kaiser die von Cortés und den anderen Konquistadoren eroberten Schätze und Güter; auf der anderen Seite aber sollten die Konquistadoren selbst nicht so reich und mächtig werden, dass sie sich von der spanischen Krone lossagen konnten. Für Spanien lag die Bedeutung der neu erschlossenen Welt vor allem in deren Reichtum an Edelmetallen und Handelsgütern. Kaiser Karl V. finanzierte durch die Abgaben der Konquistadoren seine eigenen kriegerischen Auseinandersetzungen in der Alten Welt.

Zeittafel

1492	Christoph Kolumbus „entdeckt" Amerika.
1519–1521	Hernán Cortés erobert das Aztekenreich; seit 1535 Vizekönigreich Neu-Spanien mit Hauptstadt Mexiko
1519–1522	Erste Umsegelung der Welt durch den in spanischen Diensten stehenden Portugiesen Fernão de Magalhães
1531–1535	Francisco Pizarro erobert das Inkareich; seit 1542 Vizekönigreich Peru mit Hauptstadt Lima
1713	Spanien tritt das Recht zur Versorgung Hispanoamerikas mit Sklaven an England ab.

Christoph Kolumbus entdeckt Amerika – Perspektiven erfassen

M 7 **Motive des Christoph Kolumbus**

a) Aus dem Bordtagebuch des Christoph Kolumbus, das während seiner Überfahrt 1492 entstand. Im Vorwort schreibt er:

Alldieweil Ihr, die christlichsten und hoch erhabenen, urmächtigen Fürsten, der König und die Königin von Spanien und den Inseln im Meere, unser Herr und unsere Herrin, in diesem Jahr 1492,
5 nachdem Eure Majestäten den Krieg mit den Mauren beendet hatten, die in Europa herrschten, und nachdem sie ihn in der mächtigen Stadt Granada zum Abschluss brachten […] und alldieweil Eure Majestäten, als katholische Christen und Fürsten,
10 dem heiligen christlichen Glauben treu ergeben, [...] beschlossen hatten, mich, Christoph Kolumbus, auszusenden in die Regionen Indiens, wo ich besagte Fürsten, Völker und Länder sehen sollte, ihrer aller Neigungen zu erkunden und die Art, in
15 welcher ihre Bekehrung zu unserem heiligen Glauben durchgeführt werden möge, [...] haben nunmehr, nachdem alle Juden aus Euren Reichen und Besitzungen vertrieben sind, Eure Majestäten mir in demselben Monat anbefohlen, mich mit
20 einer ausreichenden Flotte in besagte Regionen Indiens zu begeben, wofür sie mir viele Belohnungen gewährten und mich dergestalt ehrten, dass ich mich mit einem Adelstitel belegen darf und kommandierender Admiral des Weltmeeres
25 sowie Vizekönig und Gouverneur auf Lebenszeit aller Inseln und Festländer bin, die von mir entdeckt und gewonnen werden sollten im Weltmeer, ferner bewilligten, dass mein ältester Sohn mir nachfolgen und meinen Rang fortvererben sollte immerdar. 30

b) Bordbuch, 6.11.1492:

Ich bin überzeugt, dass all diese Leute gute Christen würden, sobald fromme und gläubige Männer ihre Sprache beherrschen werden. Deshalb hoffe ich zu Gott, dass Eure Hoheiten sich baldigst dazu verstehen werden, derartige Männer hierher zu 5 senden, um so große Völker zu bekehren und dem Schoß der Kirche einverleiben zu können, nicht anders wie jene Völker vernichtet worden sind, die sich nicht zur Dreieinigkeit von Vater, Sohn und Heiligem Geist bekennen wollten. 10

c) Bordbuch, 12.11.1492:

Daher müssen Eure Hoheiten den Entschluss fassen, aus ihnen Christenmenschen zu machen. Wenn einmal der Anfang gemacht ist, so werden binnen kurzer Zeit eine Unmenge von Völkern unserm Glauben gewonnen sein, während gleich- 5 zeitig Spanien große Gebietsteile und ansehnliche Reichtümer erwerben wird. Letzteres behaupte ich aus der Erwägung, dass in diesen Ländern ohne jeden Zweifel große Goldmengen vorhanden sein müssen. 10

Christoph Kolumbus, Bordbuch, Briefe, Berichte, Dokumente, ausgewählt, eingeleitet und erläutert von Ernst Gerhard Jacob, Bremen 1957, S. 76–122.

M 8 **„Er sagt, er heißt Kolumbus und will uns entdecken!",** anonyme Karikatur, um 1992

Die Kultur der Azteken – Einen Quellenvergleich durchführen

M 9 Fürstlicher Empfang

Bernal Díaz del Castillo war Offizier im Heer des Cortés. Er schreibt in seinen Erinnerungen (1567):

Moctezuma […] saß auf einem überaus kostbaren Tragsessel, umgeben von anderen Großen seines Reiches, und kam langsam auf uns zu. Als wir die ersten Türme der eigentlichen Stadt Mexiko
5 erreichten, stieg er von seinem Sessel, die Vornehmsten fassten ihn unter dem Arm und führten ihn unter einen prächtigen Thronhimmel, der mit grünen Federn, feinem goldenem und silbernem Schnitzwerk, mit Perlen und Edelsteinen reich
10 geschmückt war. […] Moctezuma selbst war sehr kostbar gekleidet. Er trug eine Art Halbstiefel, die mit Juwelen besetzt waren und goldene Sohlen hatten. Auch die vier Großen, die ihn führten, seine fürstlichen Vettern und Neffen, waren jetzt
15 ausnehmend prächtig gekleidet. Sie mussten sich unterwegs umgezogen haben; denn die Kleider, in denen sie uns empfingen, waren einfacher, aber schon glänzend genug. Zahlreiche andere Große umgaben den Herrscher, breiteten vor ihm kost-
20 bare Tücher auf den Boden, damit sein Fuß nicht die nackte Erde berühren müsse, und trugen seinen Thronhimmel. […] Nur die vier fürstlichen Begleiter blickten ihn an. Als man Cortés meldete, dass Moctezuma in der Nähe sei, stieg er vom
25 Pferd und ging ihm zu Fuß entgegen. Nun gab es von beiden Seiten große Begrüßungszeremonien. […] Wenn ich mich recht erinnere, bot Cortés Moctezuma seine rechte Hand. Der Fürst wies sie aber zurück und breitete zum Gruß seine Arme
30 aus. Ich weiß aber gewiss, dass Cortés dann Moctezuma eine prächtige Kette um den Hals legte. Sie bestand aus besonders schönen vielfarbigen Steinen, die auf goldene Schnüre gezogen und mit Moschus parfümiert waren. Als Cortés
35 den Herrscher umarmen wollte, hielten ihn die Fürsten davon ab; denn sie sahen in dieser Bewegung einen Mangel an Ehrerbietung. Er musste sich also damit begnügen, Moctezuma zu sagen, wie sehr es ihn ehre und erfreue, dass er ihm per-
40 sönlich entgegengekommen sei. Moctezuma antwortete mit wohlgesetzten Worten. […] Er gab dann seinen beiden fürstlichen Neffen den Befehl, uns in die Quartiere zu führen. Er selbst kehrte mit den beiden anderen Fürsten und dem ganzen
45 großen Gefolge wieder in die Stadt zurück.

Bernal Díaz del Castillo, Geschichte der Eroberung von Mexiko, hrsg. von Georg Adolf Narziß, Frankfurt 1988, S. 201 ff.

M 10 Ein Bericht

Bericht des Hernán Cortés an Kaiser Karl V. über die Hochkultur der Azteken vom 20. Oktober 1520:

Von Moctezuma und den wunderbaren Dingen seines Reiches und seiner Herrschaft wäre so viel zu schreiben, dass ich Eure Königliche Hoheit versichere, ich weiß nicht wo anzufangen, um
5 nur einen Teil davon erzählen zu können, denn was kann großartiger sein, als dass ein barbarischer Herrscher wie dieser alle Dinge, die unter dem Himmel es in seinem Reiche gibt, aus Gold, Silber, Edelsteinen und Federn in so natürlicher
10 Nachbildung besitzt, dass kein Gold- oder Silberschmied in der Welt es besser machen könnte? […] Wer Moctezumas Palast betritt, muss dies mit bloßen Füßen tun. Wer zu ihm gerufen wird, nähert sich ihm, Haupt und Augen gesenkt und
15 in demütiger Haltung. Auch wenn jemand mit ihm spricht, darf er ihm nicht ins Angesicht sehen. Dies erfordert die Ehrfurcht und Achtung. Ich weiß, dass man es aus Ehrerbietung tut, denn einzelne mexikanische Edelleute tadelten die
20 Spanier, dass sie, wenn sie mit mir sprechen, zwanglos dastehen und mir in die Augen schauen, was unehrerbietig und unverschämt erscheine. Wenn Moctezuma ausgeht […], so wenden alle, die mit ihm gehen, und diejenigen,
25 die ihm begegnen, das Gesicht von ihm weg und blicken ihn auf keinen Fall an, und alle Übrigen werfen sich zu Boden, bis er vorüber ist. […] Eines Tages sprach ich mit Moctezuma und sagte ihm, dass Eure Hoheit für einige Werke, die er herzu-
30 stellen befahl, Gold brauche und dass er ihn bitte, einige seiner Leute zusammen mit einigen Spaniern nach den Ländern und Häusern seiner Vasallen auszuschicken und sie aufzufordern, etwas von ihren Kostbarkeiten an Eure Majestät abzuliefern.
35 So geschah es auch, dass alle jene Vasallen sehr reichlich darbrachten, was man von ihnen erbat […], sodass allein das Fünftel des eingeschmolzenen Edelmetalles, das Eurer Majestät zusteht, 32 400 Goldpesos ausmachte […]. Abgesehen von
40 ihrem Wert waren diese Gegenstände derart wundervoll, dass sie nach ihrer Neuigkeit und Seltsamkeit nicht preislich taxiert werden konnten, und es ist nicht glaubhaft, dass irgendein Fürst der Welt, von dem man Kunde hat, derartige Kostbarkeiten
45 dieser Qualität besitzt.

Zit. nach: Richard Konetzke (Hg.), Lateinamerika seit 1492, Stuttgart 1971, S. 15 f.

Der spanische Kolonialismus in den Abbildungen von Theodor de Bry

„Ankunft des Kolumbus in Amerika"
Kolorierter Kupferstich von Theodor de Bry (1528–1598), aus: Theodor de Bry, Americae, Teil IV, 1594

M 12 „In Abwesenheit von Cortés überfällt und plündert der spanische Statthalter Pedro Alvarado einen indianischen Festzug in Mexiko"**,** kolorierter Kupferstich von Theodor de Bry, aus: Theodor de Bry, Americae, Teil V, 1595

Grönland

Hudson Bai
1668

Neufundland
1610

England

Nieder-
lande

Kanada
1604

Frank-
reich

Santa Fe
1610

Louisiana
1682

Neu-Amsterdam
1612 ndl., 1667 engl.

Azoren
1445

Portugal

Spanien

Neuspanien
1519/21

Virginia
1607

Kanarische In.
1478/97

Atlantischer

Bahamas
1694

Ozean

Silberflotten

Mexiko

Kuba

Haiti

Guadeloupe 1635
Martinique 1635
Barbados
1625/27

Kapverdische
Inseln 1460

St. Louis

Ft. James

Niger

Acapulco

Panama

Guayana
1625

Cayenne
1664

Elmina

Accra

Gr. Friedrichsbg.
(brandbg)

nach Manila

Amazonas

Sklaven

Kongo

Angola
1574/
1650

Lima
1535

P   e   r   u
1532/35

Brasilien
1500/30

Bahia
1549

Paraná

Pazifischer

C h i l e

Rio de Janeiro
1566

Ozean

Santiago
1541

Buenos Aires
1535, 1580

Kapstadt
1652

Kolonialreiche und Überseehandel um 1700

Besitzungen

Spanien	Niederlande	
Portugal	Russland	
Frankreich	Osmanisches Reich	
England		

1549 Jahr der Besitznahme,
bei Orten Jahr der Gründung
oder Erwerbung

—— Wichtiger
Seehandelsweg

**Wichtige
Handelswaren**

⚘ Gewürze
(Zimt, Nelken,
Pfeffer, Muskat)

⌒ Drogen

↑ Tee

Russland

Jakutsk

Lena

Ob

Jenissej

Amur

Tobolsk

Wolga

...kau

Astrachan

Mongolei

Peking

Kyoto **Japan**

Samarkand

...hes

...exandria

Isfahan

Persien

Indus

China

Ning-po

Pazifischer

Ozean

Basra

Hormuz

Macao
1551

Arabien

Maskat

Indien

Kalkutta
1698

Mekka

Diu
Daman

Bombay

Goa
1510

Madras

Pondicherry

Siam

Manila

Philippinen
1564

nach Amerika

Aden

Sokotra

Kotschin
1663

Ceylon
1658

Malakka

Borneo

Neuguinea

Malindi
1520

Sansibar

Sumatra

Batavia
1619

Java

...ambique
1507

Bourbon

Mauritius
1598

Indischer

Ozean

Madagaskar

Ft. Dauphin
1642

Australien

0   5000 km

520G_1

Bergbau

🌿 Tabak	🟤 Baumwollwaren	✒ Elfenbein	🔶 Gold	◈ Diamanten
〰 Reis	🔻 Teppiche	🏺 Porzellan	🔷 Silber	
🔵 Indigo	⭐ Pelze, Häute	🟥 Lackwaren	🔶 Zinn	
▦ Seide	○ Perlen	🍶 Duftstoffe	◇ Salpeter	🧍 Sklaven

Massensterben der Eingeborenen – Vergleich zwischen Quelle und Darstellung

M 14 Eine Quelle

Der Dominikanermönch Las Casas schreibt in einem Gesuch an die Regierung Spaniens (1516):

La Española [Hispaniola] ist schon entvölkert, aus-geplündert und zerstört, eine Insel, der keine andere auf der Welt an Reichtum und Naturkräf-ten gleicht, gibt es doch dort Städte so groß wie
5 Sevilla. Jetzt könnten sie fünfzig gut ausgerüstete Männer einnehmen; ein Verlust, von dem auch die geringen Steuerzahlungen zeugen werden, denn es gibt dort schon keine Indios mehr, weil das letz-te Repartimiento [Zuteilung von indígenas [Einge-
10 borenen] als Zwangsarbeiter an die Spanier] näm-lich auch deren letztliche Vernichtung bedeutete, ist doch innerhalb von vier Monaten ein Drittel der Indios in den Encomiendas aufgrund der Über-eilung gestorben, die die Encomenderos, durch
15 die Hitze ihrer Goldgier angetrieben, an den Tag gelegt haben. Und diejenigen, die dort die meis-ten Indios umgebracht haben und dies jetzt noch tun, ihnen am wenigsten zu essen geben und sie am grausamsten behandeln, sind die Beamten
20 Eurer Majestät, weil sie mehr Macht als andere haben, mehr besitzen und mehr Ausgaben zu decken haben und den größten Profit für sich wol-len, weswegen sie um so weniger den Indios geben. Dies alles geschieht ohne Bestrafung, weil
25 die dafür Verantwortlichen kein waches Gewissen haben.

Zit. nach: Johannes Meier/Annegret Langenhorst (Hg.), Bar-tolomé de Las Casas. Der Mann – das Werk – die Wirkung, Frankfurt/M. 1992, S. 75.

M 15 Eine Darstellung

Die Historikerin Renate Pieper fasst die Gründe für den „Bevölkerungsrückgang" in Lateinamerika zusammen (1994):

Zweifellos führten die Entdeckung und die Land-nahme in der Neuen Welt durch die Europäer für die autochthone Bevölkerung zu einer demogra-fischen Katastrophe in einem bis dahin unbe-kannten Ausmaß. […] Der Bevölkerungsrückgang, 5 der mit der Ankunft der Europäer auf den Antil-len einsetzte und in Peru und Chile den Erobe-rungen sogar vorausging, wird je nach Region auf 80–98 Prozent geschätzt. […]
Die mit Abstand wichtigste Ursache des Massen- 10 sterbens unter der autochthonen Bevölkerung lag in den von Europäern und Afrikanern einge-schleppten Krankheiten. Während die Bewohner der Alten Welt gewisse Anpassungs- und Wider-standsmechanismen gegen einen Teil der Krank- 15 heiten ihrer näheren und ferneren Nachbarn ent-wickelt hatten, war dies bei den Ameroindianern nicht der Fall. […]
Für eine erhöhte Sterblichkeit unter der india-nischen Bevölkerung sind neben den europä- 20 ischen und afrikanischen Krankheiten weitere Ursachen zu nennen. Zunächst ist auf die militä-rischen Auseinandersetzungen während der Con-quista hingewiesen worden. Darüber hinaus dezi-mierte der Sklavenhandel […] insbesondere Indi- 25 aner der Karibik und Mittelamerikas. Schätzungen gehen davon aus, dass zwischen 1527 und 1536 etwa 450 000 indianische Sklaven aus Nicaragua vorwiegend nach Peru und Panama verschleppt wurden. Auch andere Formen der von den Euro- 30 päern geforderten Zwangsarbeit […], insbeson-dere im Bergbau, führten zu einer übermäßigen Belastung der autochthonen Bevölkerung. […] Hinzu kam, dass sich die Ernährungsbedingungen der Ureinwohner erheblich verschlechterten. Die 35 von den Spaniern geforderten Arbeitsleistungen ließen den Ameroindianern weniger Zeit, die eigenen Felder zu bestellen; folglich sanken die Erträge.

Renate Pieper, Die demographische Entwicklung, in: Walther L. Bernecker u. a. (Hg.), Handbuch der Geschichte Lateinameri-kas, Bd. 1. Stuttgart 1994, S. 313–328, hier: S. 317–320.

Aufgaben

1. Charakterisieren Sie das historische Phänomen „Spa-nischer Kolonialismus". → Text

2. Führen Sie einen Quellenvergleich durch und beurtei-len Sie den Quellenwert beider Texte.
   → M9, M10

3. Analysieren Sie mithilfe des Methodenkompendiums die Geschichtskarte. → M13

4. Charakterisieren Sie die Kultur der Azteken.
   → Text, M5, M9, M10

5. Fassen Sie die Aussagen von Las Casas und von Renate Pieper zusammen und vergleichen Sie die beiden Texte im Hinblick auf inhaltliche und sprachliche Gesichts-punkte sowie auf ihre jeweilige Intention.
   → M14, M15

Arbeit mit historischen Karten

Historische Karten sind Quellen, die Aufschluss vor allem über das geografische Wissen früherer Zeiten geben. Die hier abgebildete Karte von Martin Waldseemüller aus dem Jahr 1507 steht in Zusammenhang mit der Entdeckung der Neuen Welt und gilt sogar als „Geburtsurkunde Amerikas", wie die Historikerin Ute Schneider ausführt:

„Der in Lothringen lebende Theologe Martin Waldseemüller (1470–1522) bildete auf seiner 1507 veröffentlichten Karte erstmalig Nord-und Südamerika als unabhängigen Kontinent ab, nachdem er aus einem Reisebericht von der Existenz der Neuen Welt erfahren hatte. Von dieser Karte, die bereits in einer Auflage von tausend Exemplaren verbreitet wurde, existiert heute nur noch ein einziges Exemplar. Nach langen und hitzigen Debatten erstand die amerikanische Library of Congress im Jahr 2001 diese Karte. Sie wird als Geburtsurkunde Amerikas betrachtet, denn der Reisebericht über die Entdeckung des italienischen Seefahrers Americus Vesputius (auch Amerigo Vespucci) hatte auf Waldseemüller solchen Eindruck gemacht, dass er den neuen Kontinent nach seinem vermeintlichen Entdecker benannte. Obwohl er sich später davon distanzierte und sich wie andere Kartografen für die Bezeichnung Terra Nova entschied, setzte sich seine Namensgebung durch. [...] Neben der Abbildung der Neuen Welt ist die Karte Waldseemüllers für die oben skizzierte Öffnung des Raumes nach Westen ein eindrückliches Beispiel. Die Herzform der Karte stellt erstmalig den Versuch dar, die beiden Hemisphären, eine westliche und eine östliche, auf eine Fläche zu projizieren. Im Gegensatz zu Ptolemaios und Schedel war Waldseemüller bekannt, dass der Indische Ozean kein Binnenmeer ist, und darüber hinaus findet sich erstmalig der Pazifische Ozean auf einer Karte. Obgleich der Entdeckung Amerikas noch die Australiens und eine beständige Erweiterung des Wissens über die Erde in den Jahrhunderten nach Waldseemüller folgte, war mit seiner Karte eine Darstellungsform erreicht, die sich nicht mehr grundlegend wandeln sollte." (Ute Schneider, Die Macht der Karten. Eine Geschichte der Karthographie vom Mittelalter bis heute, Darmstadt 2006, S. 34 f.)

Arbeitsschritte und Fragestellungen zur Interpretation von Karten

1. Die Karte genau betrachten und sich orientieren	a) Was ist auf der Karte dargestellt? b) Wo befindet sich auf der Karte Norden?
2. Die Entstehung und Überlieferung der historischen Karte klären	a) Wann ist die Karte entstanden und wer hat sie hergestellt? b) Wie wurde sie überliefert?
3. Die Karte inhaltlich erschließen	a) Wie viele Erdteile sind eingezeichnet? b) In welcher Form oder Gestalt ist die Erde dargestellt? c) Wie ist Amerika dargestellt?
4. Die Karte kritisch betrachten	a) Welche grundsätzlichen kartografischen Probleme gab es bei der Darstellung der Erde? b) Welche Besonderheiten zeigt die kartografische Darstellung?
5. Die historische Karte zusammenfassend interpretieren	a) Welche Bedeutung hatte die Karte in der damaligen Zeit? b) Welche Bedeutung hat die Karte für unser heutiges Wissen über die damalige Situation? c) Was unterscheidet diese Karte von modernen Geschichtskarten?

M 1 Weltkarte des Martin Waldseemüller aus dem Jahr 1507

Das Zeitalter der Reformation

Die konfessionelle Landkarte Deutschlands und Europas präsentiert sich dem Betrachter heute ungefähr wie folgt: Eine mehrheitlich christliche Bevölkerung lebt neben einer Gruppe bekenntnisloser Bürger und verschiedenen Gruppen muslimischen, jüdischen oder anderen Glaubens. Sieht man aber genauer hin, so fällt auch auf, dass die christliche Religion in zwei Glaubensrichtungen unterschieden ist – in die katholische und die evangelische Kirche. Wie ist diese Unterscheidung zu erklären, und wodurch entstand die Aufteilung in einen überwiegend katholischen Süden und einen eher evangelischen Norden?

Missstände in der katholischen Kirche

Im späten Mittelalter entwickelte sich eine vorrangig auf philosophischer und theologischer Grundlage geführte Diskussion, in der erste Forderungen nach einer weitreichenden Erneuerung der katholischen Kirche laut wurden. Die Kritik richtete sich insbesondere gegen den kostspieligen, mitunter ausschweifenden Lebensstil vieler Geistlicher, der oft über die Vergabe von Ämtern finanziert wurde.

M 1 **Kirchenkritik**
Nonnen und Mönche überqueren nach einem Trinkgelage einen zugefrorenen See, Holzschnitt, um 1450

Der Ämterkauf (Simonie) war unter anderem eine Ursache dafür, dass zahlreiche Priester keine hinreichende Ausbildung mehr besaßen und ihre Pflichten vernachlässigten. Zu den prominentesten Vertretern des Widerstandes gegen diese Entwicklungen sind der Engländer John Wyclif († 1384) und der von dessen Ideen inspirierte Böhme Jan Hus zu zählen, der 1415 nach einem Urteil des Konstanzer Konzils (1414–1418) im Namen der päpstlichen Inquisition als Ketzer hingerichtet wurde. Im Verlauf des 15. Jahrhunderts erneuerten sich die alten Strukturen, und das Papsttum konnte seinen ins Wanken geratenen Führungsanspruch behaupten. Die Einberufung des Konzils von Konstanz hatte zwar für die Beendigung der Unordnung in der Kirche gesorgt, nicht aber für ihre von vielen Seiten geforderte Reformierung.

Titelholzschnitt einer anonymen Schrift gegen den Ablasshandel, 1518

M 3 Martin Luther (1483–1546), Gemälde von Lucas Cranach d. Ä., 1532

Der Ablasshandel

Um 1500 erreichte die Verweltlichung der Kirche ein neues Ausmaß. Die römischen Päpste sahen sich mittlerweile eher als Landesfürsten, die ihren Machtbereich sogar durch militärische Unternehmungen zu vergrößern suchten. Ihre geistlichen Aufgaben gerieten dagegen mehr und mehr in den Hintergrund.

Unter dem Einfluss der sich verbreitenden Renaissance traten die Päpste zudem als Förderer der Künste und der städtischen Architektur auf. Die meist monumentalen Bauvorhaben verschlangen enorme Geldsummen, über die die päpstliche Verwaltung (Kurie) keineswegs verfügte. Für den prachtvollen Neubau der Peterskirche in Rom bediente sich Papst Leo X. ab 1507 sogar des Handels mit Ablassbriefen – der Kauf dieser Briefe sollte zwar nicht die Vergebung der Sünden bewirken, immerhin aber von den Sündenstrafen befreien. Unters Volk gebracht wurden die Briefe mithilfe von Ablasspredigern, die durch die Lande zogen. Charakteristisch für die jahrhundertealte Praxis des Ablasshandels ist ein Ausspruch, der dem wohl bekanntesten Ablassprediger Johann Tetzel zugeschrieben wird: „Sobald das Geld im Kasten klingt, die Seele in den Himmel springt." Die Bereitwilligkeit der Menschen, Ablässe zu erkaufen und Stiftungen oder Wallfahrten zu veranstalten, wurde durch das Zusammenspiel aus Ängsten und Hoffnungen gefördert, die sich um das Jüngste Gericht und die Vorstellungen vom Fegefeuer drehten. Die Ausnutzung der Volksfrömmigkeit war Anlass für das Aufbegehren des Wittenberger Theologieprofessors Martin Luther, der mit der Veröffentlichung seiner 95 „Thesen über die Kraft der Ablässe" eine Entwicklung in Gang setzte, deren Tragweite er selbst weder beabsichtigt noch erwartet hatte.

Martin Luther und der Beginn der Reformation

Martin Luther, 1483 als Sohn eines Bergmanns in Eisleben geboren, begann nach seiner Schulausbildung ein Studium an der Universität Erfurt. Nachdem er in einem Moment höchster Todesangst während eines Gewitters geschworen hatte, der Welt zu entsagen und Mönch zu werden, trat er in das Augustinerkloster der Stadt ein. Im Anschluss an die Priesterweihe entschied er sich für die Aufnahme eines Theologiestudiums, nach dessen Abschluss er recht schnell selbst Vorlesungen an der Wittenberger Universität hielt.

Zeit seines Lebens, besonders intensiv aber während seines Aufenthalts im Kloster, beschäftigte sich Luther mit der Frage nach Gottes Gnade. Dass er sich selbst trotz aller Bußfertigkeiten stets als Sünder empfand, führte ihn zu einer Schlussfolgerung, die fortan seine gesamte Theologie prägte: Allein durch Gnade (sola gratia), allein durch den Glauben (sola fide) und allein durch die Schrift (sola scriptura) stehe der Mensch in Beziehung zu seinem Gott. Mit diesem Befund traf Luther gewissermaßen den Nerv seiner Zeitgenossen. In der festen Überzeugung, dass nicht gottgefällige Werke und Leistungen, sondern einzig und allein die Befolgung der biblischen Gebote und insbesondere die innere Einstellung des Einzelnen das christliche Leben bestimmen sollten, wandte er sich in einem Brief an Erzbischof Albrecht, unter dessen Verantwortung die Ablässe vertrieben wurden. Die 95 Thesen galten als theologische Begründung seiner Kritik am Ablasshandel, an den kirchlichen Strukturen und am Lehranspruch des Papstes. Der Legende nach soll Luther sie am 31. Oktober 1517 an die Tür der

Wittenberger Universitätskirche geschlagen haben; in der Geschichtswissenschaft ist diese Begebenheit allerdings bis heute umstritten. Wie
auch immer sich die Ereignisse an diesem Tag zugetragen haben – für
Luther begann mit ihnen eine Zeit der Verfolgung, für Europa die Zeit
der Reformation.

Reaktionen der Kirche

Für die katholische Kirche lag die Bewertung der Wittenberger Vorkommnisse auf der Hand. Das Infragestellen der Institution Kirche
und der päpstlichen Unfehlbarkeit war politischer Aufruhr und im
theologischen Verständnis der Zeit Ketzerei. Demnach musste dieser
„Irrlehre" ein Ende gesetzt und Luther als Urheber bestraft werden.
Nachdem Luther sich der Forderung, seine Thesen zu widerrufen,
widersetzt und er die Androhung des Kirchenbanns sogar öffentlich
verbrannt hatte, wurde er zu Beginn des Jahres 1521 aus der kirchlichen Gemeinschaft ausgeschlossen (Exkommunikation).

Die Haltung des Kaisers Karl V.

Neben dem Papst stand noch ein weiterer mächtiger Mann der Haltung
Luthers argwöhnisch gegenüber: Kaiser Karl V., der sich als Bewah-
rer der Christenheit verstand, befasste sich mit dem Fall im Frühjahr
1521 auf dem Reichstag zu Worms. Als Luther den Widerruf seiner
Lehre hier erneut ablehnte, verhängte der Kaiser die Reichsacht und
erklärte Luther somit für rechtlos (Wormser Edikt). Die Verurteilung
Luthers und seiner Anhänger auf kirchlicher und weltlicher Ebene hätte ein Scheitern der Reformationsbewegung bereits in ihren Anfängen
bedeuten können.

Luthers Lehre und die Landesherren

Luther war seit seinem Thesenanschlag weit über Wittenberg hinaus
bekannt geworden. Zur Vertiefung seiner Theologie verfasste er bis
1520 drei reformatorische Hauptschriften, von denen sich eine „An
den christlichen Adel deutscher Nation" richtete und die Landesherren
dazu aufforderte, seine Ansichten zu fördern und mitzutragen.

Für die weltlichen Territorialherren stellte die Unterstützung bzw. die
Übernahme der reformatorischen Prinzipien in der Regel eine willkom-
mene Gelegenheit dar, ihren politischen Einfluss zu steigern und durch
die Einverleibung klösterlicher oder kirchlicher Besitztümer wirtschaftlichen Gewinn zu erzielen. Darüber hinaus konnten sie mit der Ein-
führung der Reformation ihre Eigenständigkeit gegenüber dem Kaiser
betonen. Einer dieser Adligen war Friedrich der Weise, Kurfürst von
Sachsen und Landesherr Luthers. Ihm waren die Entwicklungen, die
sich in und um Wittenberg vollzogen, durchaus willkommen. Die einst
von ihm gegründete Universität erlangte durch die steigende Berühmt-
heit Luthers großen Zulauf, und die Stadt selbst war in aller Munde.

Martin Luther auf der Wartburg

Friedrich der Weise stellte den Theologen unter seinen Schutz und
brachte ihn nach der Ächtung durch den Kaiser auf die Wartburg bei
Eisenach. Hier widmete sich Luther, getarnt als „Junker Jörg", der
Übersetzung der Bibel aus dem Griechischen und dem Hebräischen.
Es entstand die sogenannte „Lutherbibel", die aufgrund ihrer bild-
kräftigen und unmittelbaren Sprache von zentraler Bedeutung für die

M 4 **Kurfürst Johann Friedrich
„der Großmütige" von Sachsen**
Der Neffe Friedrichs des Weisen im
Kreise der Wittenberger Reformatoren, Gemälde von Lucas Cranach
d. Ä. (Ausschnitt), um 1532/39

Ausprägung des Neuhochdeutschen werden sollte. Dem Reformator gelang es durch seine Übersetzung, einen wichtigen Bestandteil seiner Theologie dem Volk zugänglich zu machen: die allein durch die Schrift vermittelte Gnade Gottes.

Die Reformation und der Buchdruck

Dass sich die reformatorischen Anliegen wie ein Lauffeuer verbreiten konnten, war ohne Zweifel auch eine Folge des seit der Mitte des 15. Jahrhunderts weiterentwickelten Buchdrucks. Ohne diese vergleichsweise schnelle und kostengünstige Technik zur Vervielfältigung von Texten wäre die Reformation wohl nicht denkbar gewesen.

Durch Flugschriften erreichten die Gedanken Luthers sowie auch anderer herausragender Persönlichkeiten eine große Zahl von Menschen. Nahezu alle sozialen Schichten konnten so an der Reformation beteiligt werden. In besonderer Weise nahm die Bauernschaft die neuen Ideen auf: Die Bauern machten sich das reformatorische Verständnis von der Autorität der Bibel für ihre bereits früher geäußerten Forderungen zunutze, um so ihrem Protest eine größere Durchschlagskraft zu verschaffen. Im sogenannten Deutschen Bauernkrieg weiteten sich zunächst regional begrenzte Aufstände zu einem flächendeckenden Konflikt aus, der nur durch den Einsatz kaiserlicher Truppen beendet werden konnte.

Die lutherische und die reformierte Kirche

Aus heutiger Sicht war das Herausragende der Reformationsbewegung nicht vordergründig der Wille zur Veränderung oder die Mobilisierung vieler Menschen für eine Idee: Das Neue bestand darin, dass sich die theologische Auseinandersetzung und die durch mehrere Akteure getragene politisch-soziale Bewegung zeitgleich und unabhängig voneinander entfalteten. So befasste sich neben Luther beispielsweise auch der Züricher Priester Ulrich Zwingli mit den Missständen in der Kirche. Ihm ging es zunächst darum, Kirchen- und Bürgergemeinde in Übereinstimmung zu bringen, also um die allgemeine Pflicht zur christlichen Lebensweise. Im Kern verfolgte aber auch er eine Rückkehr zum Ursprung des christlichen Glaubens und vertrat den alleinigen Geltungsanspruch der Bibel, womit er einen Abbau der bestehenden kirchlichen Hierarchien begründete. Recht schnell fand Zwingli die Unterstützung des Rates der Stadt Zürich, der sich das Kirchengut übertrug und die Gelder für soziale Belange einsetzte (Armenfürsorge, Schulwesen).

Die später als „reformiert" bezeichnete Glaubensbewegung erreichte besonders in süddeutschen Reichsstädten wie Konstanz, Nürnberg und Augsburg sowie in Hessen eine hohe Akzeptanz. Zwar waren sich Luther und Zwingli in ihren Ansichten sehr ähnlich; in einem wesentlichen Punkt aber lehnten sie sich gegenseitig ab: in der sogenannten Abendmahlsfrage. Selbst ein vom hessischen Landgrafen Philipp im Jahr 1529 arrangiertes Treffen der beiden Reformatoren in Marburg konnte den Streit nicht schlichten (Marburger Religionsgespräch). In der Frage, ob Christus beim Abendmahl tatsächlich gegenwärtig sei oder ob seiner nur symbolisch gedacht werde, lag schließlich die Ursache für die Begründung zweier evangelischer Kirchen, die fortan zum Katholizismus in Konkurrenz traten: Es entstand eine lutherische und eine reformierte Kirche.

M 5 **Huldrich (Ulrich) Zwingli (1484–1531)**
Gemälde von Hans Asper, um 1531

M 6 Johannes (Jean) Calvin (1509–1564)

Zeitgenössisches Gemälde, um 1555

Der Calvinismus

Eine dritte, wenngleich erst in einer späteren Phase der Reformation entstandene Bewegung war der nach dem Genfer Reformator Johannes Calvin benannte Calvinismus. Aufbauend auf den Erfahrungen aus der Genfer Reformation entwickelte dieser eine evangelische Theologie, nach der das gesamte Leben im Sinne der Reformation zu führen sei. Damit waren strenge Regeln verbunden, deren Nichteinhaltung sogar unter Todesstrafe stehen konnte. Eine weitere Besonderheit, die zum lutherischen Bekenntnis in deutlichem Widerspruch stand, war die Überzeugung der Calvinisten, dass das Schicksal eines jeden Menschen von Gott vorherbestimmt sei, der Mensch selbst also keinen Einfluss darauf nehmen könne (Prädestination). Zeichen der Gnade Gottes zeigten sich im Gelingen einer vorbildlichen Lebensweise sowie in erfolgreicher beruflicher Tätigkeit.

Während sich das reformierte Bekenntnis Zwinglis vornehmlich im Schweizer sowie im süddeutschen Raum etablierte, fasste der Calvinismus in ganz Europa Fuß. Vor allem in Frankreich (Hugenotten) und in den Niederlanden fand er zahlreiche Anhänger. Über den englischen Puritanismus (Reformbewegung) sollte er im 17. Jahrhundert schließlich nach Amerika gelangen.

Spuren der calvinistischen Bewegung finden sich noch heute beispielsweise im Landkreis Lippe in Nordrhein-Westfalen. Die zunächst lutherische Grafschaft Lippe ging zu Beginn des 17. Jahrhunderts zum Calvinismus über. Lediglich die Hansestadt Lemgo widersetzte sich der Anerkennung des reformierten Bekenntnisses, sodass die heutige Landeskirche überwiegend evangelisch-reformiert ist und formal auch als solche bezeichnet wird.

M 7 Calvinistischer Gottesdienst in der Kirche zu Stein bei Nürnberg

Kupferstich, 16. Jahrhundert

Gemälde von Tizian, 1548

Reformation, Reich und die Rolle von Kaiser und Papst

So entschieden Kaiser Karl V. noch 1521 gegen die Lehre Luthers angetreten war, so wenig konnte er sich in der Folgezeit um ihre Abwehr bemühen. Unmittelbar nach dem Wormser Reichstag wurde er nämlich in einen Krieg mit Frankreich verwickelt, dessen König Franz I. einst Karls schärfster Konkurrent bei der Wahl zum Kaiser gewesen war und sich nun gegen die habsburgische Umklammerung seines Reiches zur Wehr setzen wollte. Auf die deutschen Fürsten brauchte der Kaiser im Kampf gegen den evangelischen Glauben nicht zu hoffen: Ihre überwiegende Mehrheit hielt eine Kirchenreform schon lange für notwendig. Auf einem Reichstag, der 1526 in Speyer abgehalten wurde, beschlossen die Reichsstände die Aufschiebung der Konfessionsfrage und übertrugen die vorläufige Entscheidungsgewalt auf den jeweiligen Territorialherrn (Landesherrliches Kirchenregiment). Diese konnten Kirchenordnungen einführen, mit denen vom Gottesdienst über das Schul- und Ausbildungswesen bis hin zum Steuerrecht nahezu alle Bereiche des Lebens geregelt wurden.

Für die politische Ordnung im Reich hatte diese Entwicklung gravierende Folgen. Unter den Reichsständen vollzog sich eine Spaltung in zwei Religionsparteiungen, was auf einem erneuten Reichstag in Speyer 1529 dazu führte, dass die katholische Mehrheit die Beschlüsse wieder aufhob. Ein Protest der evangelischen Stände, der ihnen die noch heute übliche Bezeichnung „Protestanten" einbrachte, gipfelte im Zusammenschluss zum sogenannten Schmalkaldischen Bund, der infolge der Politik des Kaisers, den katholischen Glauben flächendeckend wieder einzuführen, als Verteidigungs- und Schutzbündnis angelegt war.

Katholische Reform

Auf die Rückgewinnung einst katholischer Gebiete und die Eindämmung der Reformationsbewegung war auch das Handeln der katholischen Kirche angelegt. Auf dem Konzil von Trient wurde von 1545 bis 1563 über Maßnahmen einer katholischen Reform diskutiert; zwei wesentliche Beschlüsse sind dabei herauszustellen: Zum einen mussten die offensichtlichen, von den Reformatoren angeprangerten Missstände beseitigt werden, um den Weg zu einer inneren Erneuerung der Kirche frei zu machen. Zum anderen einigte man sich auf eine Neudefinition des katholischen Glaubensbekenntnisses.

Papst Paul III. genehmigte drei Jahre später, 1540, den Jesuitenorden, zeitgenössisches Gemälde

Bedeutenden Anteil an der Umsetzung dieser Aufgaben hatte der von Ignatius von Loyola gegründete Jesuitenorden. Mit der Schaffung von Jesuitenkollegs (Bildungsgemeinschaften) und aufgrund ihrer missionarischen Tätigkeit als Vorkämpfer der katholischen Glaubenslehre trugen die Ordensmitglieder in besonderem Maße zur angestrebten Erneuerung bei.

Der Weg zum Augsburger Religionsfrieden

Dass sich die Reformation schließlich trotzdem durchsetzen konnte, war paradoxerweise auch den militärischen Erfolgen des Kaisers in erneuten Kriegen gegen Frankreich und gegen die von Südosten her vordrängenden Türken zu verdanken. Nachdem er im Schmalkaldischen Krieg 1547 die Protestanten besiegt hatte, befand sich Karl V. auf dem Höhepunkt seiner Macht, was jedoch zum Aufstand nicht nur der protestantischen Fürsten führte. Angesichts einer überkonfessionellen Opposition, die überdies vom neuen französischen König unterstützt wurde, sah sich der Kaiser letztlich gezwungen, in Verhandlungen zu treten. Im Jahr 1555 wurde auf dem Reichstag zu Augsburg ein Religionsfrieden geschlossen, der unter anderem die Anerkennung des lutherischen, nicht aber des reformierten Bekenntnisses sowie die Bindung der Konfessionszugehörigkeit an die Religion des Landesherrn vorsah. Dies wurde in der Formel „wessen Gebiet, dessen Religion" zum Ausdruck gebracht: „cuius regio, eius religio".

Ausblick

Die konfessionelle Spaltung der christlichen Kirche wurde mit dem Augsburger Religionsfrieden besiegelt. Die landesherrliche Glaubenshoheit bildete fortan die Voraussetzung für die regionale Verteilung der Konfessionen, die in Deutschland bis heute durch einen überwiegend katholischen Süden und einen überwiegend protestantischen Norden zum Ausdruck kommt.

Trotz oder gerade aufgrund dieser Einigung war die zweite Hälfte des 16. Jahrhunderts von konfessionellen Streitigkeiten geprägt, die sich mehr und mehr mit politischen Interessen verbanden. Nicht selten spitzten sich diese Auseinandersetzungen zu militärischen Konflikten zu, die schließlich in den Dreißigjährigen Krieg gipfelten, der nach der Reformation die nächste Wendemarke der europäischen Geschichte werden sollte.

Zum Weiterlesen

Hartmut Boockmann/Heinrich Dormeier, Konzilien, Kirchen- und Reichsreform (1410–1495), Stuttgart 2005

Erich Meuthen, Das 15. Jahrhundert, München 2006

Malte Prietzel, Das Heilige Römische Reich im Spätmittelalter, Darmstadt 2010

Zeittafel

1517	Luthers Thesenanschlag in Wittenberg
1521	Reichstag zu Worms: Luther verweigert den Widerruf.
	Wormser Edikt: Reichsacht über Luther und seine Anhänger
1526	1. Reichstag zu Speyer: Aufschiebung des Vollzugs des Wormser Edikts; jeder Reichsstand kann in Religionsangelegenheiten eigenverantwortlich verfahren.
1529	2. Reichstag zu Speyer: Erneuerung des Wormser Edikts: evangelische Reichsstände protestieren (Protestanten).
1530	Reichstag zu Augsburg: Der Versuch einer Einigung auf der Grundlage von Melanchthons „Confessio Augustana" scheitert; Erneuerung des Wormser Edikts
1531	Gründung des Schmalkaldischen Bundes
1546	Luthers Tod
1546/47	Schmalkaldischer Krieg
1551/52	Fürstenrebellion gegen Karl V.
1555	Augsburger Religionsfriede

Das Gruppenpuzzle ist ein Verfahren, bei dem Einzelarbeit mit Gruppenarbeit kombiniert wird. Zu einer bestimmten Thematik (z. B. „Das Zeitalter der Reformation") werden unterschiedliche Materialien bearbeitet (A, B, C und D). Der Ablauf erfolgt dann in folgenden Phasen:

1. Phase: Bildung von Stammgruppen (mindestens vier Schülerinnen und Schüler), in denen jede Schülerin/ jeder Schüler eines der Materialien (A, B, C und D) übernimmt und zunächst individuell in Einzelarbeit wesentliche Inhalte herausarbeitet.

Stamm-gruppe 1	Stamm-gruppe 2	Stamm-gruppe 3	Stamm-gruppe 4
A^1	A^2	A^3	A^4
B^1 $\quad$ C^1	B^2 $\quad$ C^2	B^3 $\quad$ C^3	B^4 $\quad$ C^4
D^1	D^2	D^3	D^4

2. Phase: Bildung von Expertengruppen, in denen sich die Schülerinnen und Schüler zusammenfinden, die dasselbe Material (A, B, C und D) in Stillarbeit bearbeitet haben; in diesen Expertengruppen werden die Ergebnisse aus der Einzelarbeit verglichen und diskutiert.

Experten-gruppe 1	Experten-gruppe 2	Experten-gruppe 3	Experten-gruppe 4
A^1	B^1	C^1	D^1
A^2 $\quad$ A^3	B^2 $\quad$ B^3	C^2 $\quad$ C^3	D^2 $\quad$ D^3
A^4	B^4	C^4	D^4

3. Phase: Rückkehr in die Stammgruppen, wo die jeweiligen Experten sich gegenseitig über die Ergebnisse ihrer Arbeit informieren.

Stamm-gruppe 1	Stamm-gruppe 2	Stamm-gruppe 3	Stamm-gruppe 4
A^1	A^2	A^3	A^4
B^1 $\quad$ C^1	B^2 $\quad$ C^2	B^3 $\quad$ C^3	B^4 $\quad$ C^4
D^1	D^2	D^3	D^4

4. Phase: Die Stammgruppen präsentieren ihre Arbeitsergebnisse in der Klasse. Es folgen eine Diskussion und eine abschließende Methodenreflexion.

Aufgabe:

Führen Sie ein Gruppenpuzzle zum Thema „Das Zeitalter der Reformation" durch. Folgende Materialien sollen die Grundlage bilden:

A = Kritik an Papst und Kirche (M10–M12, Seite 76)

B = Luthers Lehre (M13–M15, Seite 77)

C = Die Katholische Reform (M20–M21, Seite 80).

D = Augsburger Religionsfriede (M22–M23, Seite 81)

Kritik an Papst und Kirche im Spiegel der Zeiten

M 10 Kritik am Papst

Der englische Kirchenreformer John Wyclif (um 1330 bis 1384) brachte in einer Schrift um 1380 die weit verbreitete Unzufriedenheit mit der Papstkirche zum Ausdruck:

Während Christus die Wahrheit ist, verkörpert der Papst den Ursprung der Falschheit, die Christus entgegensteht. Durch seine Worte, Schriften und seinen Lebenswandel verbreitet der Papst Lügen.
5 Durch Worte, indem er behauptet, dass er in seinem Amt Christus als dessen wahrer Stellvertreter nachfolge. Tatsächlich ist er von Christus so weit entfernt, wie man es sich nur vorstellen kann. […] Vergleichen wir die Schriften der Apostel, die im
10 Glauben an den Herrn Jesus Christus verfasst wurden, mit den päpstlichen Schriftstücken, dann erkennen wir, dass sie in keiner Weise inhaltlich miteinander übereinstimmen. Die päpstlichen Schriften sprechen nämlich von weltlicher Macht,
15 während die evangelischen Texte die demütige Flucht aus der Welt nahelegen. Mit Blick auf den Lebenswandel ist es offensichtlich, dass Christus und der Papst gegensätzlicher nicht sein könnten. Denn Christus hielt sich an den Grundsatz, immer
20 in völliger Armut zu leben. […] Der Papst gibt vor, diesem Ziel nachzueifern. In Wirklichkeit tut er das aber gar nicht, sondern schwelgt in weltlichem Reichtum. […]
Christus war ein überaus sanfter Mensch. […] Den
25 Papst dagegen zeichnen grenzenloser Hochmut und grausame Rachsucht aus. […] Während Christus sein Leben hingab für die Menschen, ja selbst für seine Feinde, setzt der Papst das Leben vieler Gläubiger nicht nur für seine Person ein, sondern
30 für seine weltliche Herrschaft, die er Christus zuwider ausübt. Was könnte den Unterschied zwischen ihm und Christus klarer zutage treten lassen?

John Wyclif, De Cristo et suo adversario anticristo, in: John Wyclif's Polemical Works in Latin, hrsg. von Rudolf Buddensieg, Bd. 2, Kap. 11, London 1883, S. 680–682, übersetzt von Michael Brabänder.

M 11 Verhältnis von Papst und Konzil

Der bedeutende Theologe und Kirchenpolitiker Nikolaus von Kues (1401–1464) nahm zur Rolle des Konzils in einer Streitschrift Stellung (um 1450):

Welcher Mensch mit gesundem Verstand und ohne jede Absicht, die wahre Macht und die Vorrechte des Papstes verkleinern zu wollen, kann dies bezweifeln: Gegenüber einer Fehlentwicklung und deren Verursacher hat das allgemeine 5 Konzil die Entscheidungsbefugnis, und zwar zum Zweck des eigenen Fortbestands wie auch zur heilsamen und geordneten Lenkung der gesamten Kirche. Daher halte ich die Auffassung für falsch, dass die Zuständigkeit des allgemeinen 10 Konzils dort endet, wo es um die Vorrangstellung der römischen Kirche geht. In den Akten des Konzils von Chalcedon [im Jahre 451] ist nämlich detailliert nachzulesen, dass sich diese Kirchenversammlung mit einer solchen Angelegenheit 15 nicht nur beschäftigt, sondern sie auch entschieden hat. Deshalb kann man grundsätzlich feststellen: Als Repräsentativorgan der katholischen Kirche hat das allgemeine Konzil seine Macht unmittelbar von Christus, und es steht in jeder 20 Hinsicht sowohl über dem Papst als auch über dem apostolischen Stuhl. Diese Ansicht wird von vielen Ereignissen, kirchlichen Gesetzen und Vernunftgründen bestätigt.

Nikolaus von Kues, De concordantia catholica. Buch 2, Kap. 17, in: Nicolai de Cusa opera omnia, hrsg. von Gerhard Kallen, Bd. 14,2, Hamburg 1965, S. 183 f., übersetzt von M. Brabänder.

Der Bapstesel zu Rom

M 12 „Der Papstesel zu Rom"
Holzschnitt von Lucas Cranach d. Ä, 1523

Luthers Lehre – Textquellen analysieren

M 13 95 Thesen gegen den Ablass

Mit diesen Thesen löste Martin Luther die Reformation aus (31. Okt. 1517):

Aus Liebe zur Wahrheit und dem Eifer, sie zu ermitteln, soll über das Nachstehende in Wittenberg disputiert werden. [...]

21. Daher irren all die Ablassprediger, welche
5 erklären, dass der Mensch durch den Ablass des Papstes von jeder Strafe los und frei werde. [...]

24. Folglich wird der größte Teil des Volkes betrogen, wenn man ihm schlankweg mit hohen Worten verspricht, es sei die Strafe los.

10 27. Man predigt Menschenlehre, wenn man sagt: Sobald das Geld im Kasten klingt, entflieht die Seele [dem Fegefeuer].

28. Das ist gewiss, dass Gewinn und Habgier zunehmen können, wenn das Geld im Kasten
15 klingt; ob die Kirche mit ihrer Fürbitte Erfolg hat, steht dagegen bei Gott. [...]

32. Wer glaubt, durch Ablassbriefe seines Heils sicher zu sein, wird auf ewig mit seinen Lehrmeistern verdammt werden. [...]

20 36. Jeder Christ, der wahrhaft Reue empfindet, hat einen Anspruch auf vollkommenen Erlass von Strafe und Schuld, auch ohne Ablassbrief. [...]

45. Man soll die Christen lehren: Wer einen Bedürftigen sieht und ihm nicht hilft, und stattdessen
25 sein Geld für Ablass gibt, der hat sich nicht des Papstes Ablass, sondern Gottes Zorn erworben. [...]

67. Den Ablass, den die Ablassprediger als „größte Gnade" ausschreien, kann man insofern tatsächlich dafür ansehen, als er ein großes Geschäft
30 bedeutet.

Zit. nach: Eberhard Büssem/Michael Neher (Hg.), Arbeitsbuch Geschichte, Neuzeit 1, Quellen, München 1977, S. 163 ff.

M 14 Lehre vom allgemeinen Priestertum

Diese Lehre bildet den Kern von Luthers Angriff auf den geistlichen Stand (1520):

Die Romanisten [hier: Anhänger der römischen Kirche] haben drei Mauern mit großer Behendigkeit um sich gezogen, womit sie sich bisher beschützt, dass sie niemand hat können reformie-
5 ren, wodurch die ganze Christenheit greulich gefallen ist. Zum Ersten, wenn man auf sie gedrungen mit weltlicher Gewalt, haben sie gesetzt und gesagt, weltliche Gewalt habe nicht Recht über sie, vielmehr sei geistliche über die weltliche. Zum andern, hat man sie mit der Heiligen Schrift wol- 10 len strafen, setzen sie dagegen, es gebühre die Schrift niemand auszulegen denn dem Papst. Zum Dritten, droht man ihnen mit einem Concilio [Konzil], so erdichten sie, es könne niemand ein Concilium berufen denn der Papst. [...] 15
Wollen die erste Mauer am ersten angreifen. Man hat's erfunden, dass Papst, Bischof, Priester und Klostervolk wird der geistliche Stand genannt, Fürsten, Herrn, Handwerks- und Ackerleute der weltliche Stand, welches gar ein fein Lügen und 20 Gleißen [Heucheln] ist; doch soll niemand darob schüchtern werden, und das aus dem Grund: denn alle Schriften sind wahrhaft geistlichen Standes, und ist unter ihnen kein Unterschied denn des Amts halben allein, wie Paulus sagt, dass wir alle- 25 samt ein Körper seien, doch ein jeglich Glied sein eigen Werk hat, damit es den andern dienet; das macht alles, dass wir eine Taufe, ein Evangelium, einen Glauben haben und sind gleiche Christen, denn die Taufe, Evangelium und Glauben, die 30 machen allein geistlich und Christenvolk.

Martin Luther, An den christlichen Adel deutscher Nation, zit. nach: I. Schmieder, Der deutsche Reformator Martin Luther, Leipzig 1917, S. 34 f.

M 15 Kritik am Papsttum

Luthers Sichtweise des Papstes (1520):

Zum Ersten ist's greulich und erschrecklich anzusehen, dass der Oberste in der Christenheit, der 5 sich Christi Vikar [Stellvertreter] und St. Peters Nachfolger zu sein rühmt, so weltlich und prächtig fährt, dass ihn darin kein König, kein Kaiser mag erlangen und ihm gleich werden, und in dem, der allerheiligst und geistlichst sich lässet 10 nennen, weltlicher Wesen ist, denn die Welt selber ist. Er trägt eine dreifältige Krone, während die höchsten Könige nur eine Krone tragen: gleicht sich das mit dem armen Christo und St. Peter, so ist's ein neu Gleichen. Man plärret, es sei 15 ketzerisch, wo man dawiderredet; man will aber auch nicht hören, wie unchristlich und ungöttlich solch Wesen sei. Ich halte aber dafür, wenn er beten sollte mit Tränen vor Gott, er müsste stets solche Krone ablegen, dieweil unser Gott keine 20 Hochfahrt [Hochmut] mag leiden. Nun sollte sein Amt nichts anderes sein, denn täglich weinen und beten für die Christenheit und ein Exempel aller Demut vortragen.

Martin Luther, An den christlichen Adel deutscher Nation, zit. nach: I. Schmieder, a. a. O., S. 39.

Schlug Luther seine Thesen ans Kirchentor? – Aspekte einer Kontroverse

M 16   **Luthers Thesenanschlag**
Gemälde von Hugo Vogel, 1890

M 17   **Eine Darstellung**

Der Historiker Ulrich Köpf fasst den Stand der Forschung zusammen (2001):

Für einen öffentlichen Aushang der Thesen gibt es kein zeitgenössisches Zeugnis. Erst nach Luthers Tod sprach Philipp Melanchthon davon, der Wittenberger Theologieprofessor habe diese
5 Thesen am Vortag des Allerheiligenfestes (an dem eine mit Ablässen verbundene Reliquienweisung üblich war) an die Tür der Wittenberger Schlosskirche (zugleich Universitätskirche) angeheftet. Seitdem hat sich im Bewusstsein des
10 Luthertums und darüber hinaus der 31. Oktober

als Auftakt zur Reformation festgesetzt. Seit 1959 wurde etwa zehn Jahre lang heftig um das genaue Datum und die Realität des Thesenanschlags diskutiert. Die Frage lässt 15 sich nicht mehr mit Sicherheit klären. Eine Disputation kam nicht zustande; aber die geschichtliche Wirkung der 95 Thesen ist unbestreitbar. Luther hat sie an verschie- 20 dene Empfänger versandt; von diesen Originalen ist keines erhalten. Noch vor Ende 1517 wurden sie in Leipzig und Nürnberg (in Plakatform) sowie in Basel (in Buchform) 25 gedruckt. In den 95 Thesen stellt Luther mit dem herkömmlichen Ablasswesen das gesamte traditionelle Verständnis des Bußsakraments infrage. An Stelle der sakra- 30 mentalen Buße fordert er von allen Gläubigen ein Leben in Bußgesinnung und überträgt damit ein monastisches Ideal auf das allgemeine Christenleben. 35

Ulrich Köpf (Hg.), Deutsche Geschichte in Quellen und Darstellung, Bd. 3: Reformationszeit 1495–1555, Stuttgart 2001, S. 102 f.

M 18   **Ein Zeitungsartikel**

Der Journalist Sven Felix Kellerhoff berichtet anlässlich eines aktuellen Fundes in der Berliner Morgenpost (3.2.2007):

Geschwinden Schritts eilt der Mann in Mönchskutte durch den Nebel in Wittenberg. Am Schloss angekommen, zückt er einen beschriebenen Bogen Papier und einen Hammer. Mit wuchtigen Schlägen nagelt Martin Luther seine 95 5 Thesen zum Ablasshandel an das Portal der Schlosskirche. Es ist der 31. Oktober 1517: die Geburtsstunde der Reformation, die Deutschland, Europa und die Welt veränderte.
So wird in vielen Büchern die epochemachende 10 Tat Luthers beschrieben. Historiker allerdings weisen darauf hin, dass diese Version zweifelhaft ist. Sie beruht vor allem auf einem erst nach Luthers Tod 1546 geschriebenen Bericht von Philipp Melanchthon. Der allerdings lebte 1517 noch gar 15 nicht in Wittenberg, konnte also auch nicht aus

eigener Anschauung über einen „Thesenanschlag" berichten.

Ein Zufallsfund in der Universitäts- und Landesbibliothek Jena bringt jetzt Bewegung in die Diskussion. Ende vergangenen Jahres entdeckte ein Mitarbeiter der Luther-Gedenkstätten Wittenberg im Nachlass des Luther-Vertrauten Georg Rörer folgende, auf Latein geschriebene Notiz: „Im Jahr 1517, am Vortag des Allerheiligenfestes, hat Doktor Martin Luther in Wittenberg an den Türen der Kirchen seine Ablassthesen bekannt gegeben."

Gefunden wurde die Notiz in Luthers Handexemplar seiner gedruckten Übersetzung des Neuen Testaments, erschienen 1540. In diesem Exemplar sind neben handschriftlichen Anmerkungen des Reformators selbst auch weitere Notizen seines engen Mitarbeiters Rörer (1492–1557) eingetragen. Rörer hatte seit 1527 teilweise in Luthers Haus gelebt, ihn auf wichtigen Reisen begleitet und seine Predigten und Tischreden mitgeschrieben. Von 1537 bis 1555 gab er Luthers Schriften heraus.

Das Besondere des Fundes liegt darin, dass Rörer seine Aufzeichnung möglicherweise zu Lebzeiten Luthers schrieb. Allerdings ist auch diese Notiz kein definitiver Beweis, dass Luther seine 95 Thesen eben doch angeschlagen hat. Denn wie Melanchthon war auch Rörer 1517 nicht in Wittenberg, sondern kam erst 1522 dorthin. Andererseits lebte und dachte Rörer in derartig enger Symbiose [hier: Zusammenwirken] mit dem Reformator, dass einer Bemerkung aus seiner Feder schon besondere Bedeutung zukommt. Da sein Nachlass bisher wenig ausgewertet ist, fehlt Vergleichsmaterial, das eine Beurteilung seiner Zuverlässigkeit erleichtern würde.

Fest steht immerhin, dass mindestens die historisch so folgenreiche Wirkung von Luthers 95 Thesen mit dem angeblichen oder tatsächlichen, in jedem Fall pathetischen Akt des Nagelns an das Kirchenportal wenig zu tun hatte. Sprengkraft hatten die Thesen, weil sie erst an Theologen und Humanisten in ganz Mitteldeutschland und darüber hinaus verschickt, danach gedruckt unter des Lesens kundiger Laien verteilt wurden.

Übrigens brachte Luther mit seinen Thesen keineswegs schlagartig ein im Wesentlichen intaktes Kirchensystem zum Einsturz. Neuere Forschungen zeigen ihn weniger als Handelnden, der bewusst einen Reformprozess in Gang setzte. Vielmehr zog er nur die Konsequenz aus der in seiner Zeit stark wachsenden Kritik am Ablasswesen. Auch die Resonanz auf seine Thesen ist nicht zu verstehen, wenn man die breite kirchenkritische Stimmung der Vorreformation ignoriert. Sie bezog sich eben nicht nur auf einzelne Bischöfe und Pfarrer, die ihr Amt missbrauchten. Vielmehr wurde in der Öffentlichkeit – Thesenanschlag hin oder her – schon vor 1517 die geistliche Autorität der Kirche insgesamt in Frage gestellt. Als Luther dann diesem verbreiteten Gefühl eine Form gab, erntete er zu seiner eigenen Überraschung überwältigende Zustimmung. Sie war es, die den völligen Umbau der Kirchenstrukturen in Gang setzte, nicht die berühmten 95 Thesen.

Für Volker Leppin, Dekan der Theologischen Fakultät in Jena, ist die Rörer-Notiz „eine bemerkenswerte Entdeckung". Allerdings sei weiterhin Skepsis angebracht: „Ein endgültiger Beweis ist diese Notiz meiner Meinung nach nicht", sagte Leppin. Auch die Direktorin der Thüringer Universitätsbibliothek, Sabine Wefers, sieht keinen Anlass, die Geschichte der Reformation umzuschreiben: „Möglicherweise ist Georg Rörers Notiz auch nach Luthers Tod entstanden und somit nur ein weiterer Beitrag zur Legendenbildung." Am 19. Februar soll der Fund in Jena der Öffentlichkeit vorgestellt werden, der Rörer-Nachlass wird in den kommenden Jahren wissenschaftlich erschlossen werden.

http://www.morgenpost.de/printarchiv/kultur/article183946/
Schlug_Luther_seine_Thesen_doch_ans_Kirchentor.html

M 19 ▶ **Kirchentür der Schlosskirche in Wittenberg**

An den „Thesenanschlag" erinnert heute eine bronzene Tür aus dem Jahre 1858, gestiftet vom preußischen König Friedrich Wilhelm IV. zum 375. Geburtstag Martin Luthers am 10. November 1858. Die Originaltür ging im Siebenjährigen Krieg verloren.

Die Katholische Reform

M 20 Wirken der Jesuiten in Deutschland

In Deutschland gelang dem Orden ein rascher Durchbruch durch das Wirken des Niederländers Petrus Canisius (1521–1597), der 1549–1552 Professor in Ingolstadt und danach bis 1556 in Wien war. An ihn richtete der Gründer des Ordens, Ignatius von Loyola, 1554 eine lateinisch verfasste Instruktion über das Verhalten gegenüber Protestanten:

Die Neuerer verstehen es, ihre falsche Lehre mundgerecht zu machen und dem Fassungsvermögen der Masse anzupassen, indem sie ihre Lehre vor der Menge und in den Schulen verkünden und
5 zugleich kurze Broschüren unter das Volk werfen, die von vielen verstanden und gekauft werden können. Demgemäß will uns bedünken, dass die Gesellschaft [die Jesuiten] sich besonders mit den folgenden Mitteln auf den Kampfplatz werfen
10 und gegen die Schäden angehen solle, die der Kirche von jener Seite zugefügt werden:
[…] Die Hauptsätze der Theologie ließen sich, nach Art eines kurzen Katechismus [Lehrbuch für den christlichen Glaubensunterricht] zusammen-
15 gestellt, den Kindern und dem ungebildeten Volke lehren, wie man jetzt Christenlehre gibt […]. Für die höheren Klassen, vor allem die Prima, und für die philosophischen und theologischen Hörer wäre außerhalb der gewöhnlichen Stunden jener
20 apologetische [rechtfertigende] Kurs vorzutragen, damit alle, die einigermaßen dafür reif sind, mit den Gemeinplätzen vertraut werden […]. Zu diesem Kurs wären die einheimischen Priester und
die Schüler der höheren Klassen zuzulassen, überhaupt alle, die Lust hätten. Und mit ihrer Mitar- 25 beit ließe sich verhältnismäßig schnell das Gegengift gegen die Häresie [Irrlehre] über viele Ohren verbreiten; denn die Vorlesung, die sie hören, und das Buch, das sie in der Hand haben, befähigt die Hörer, ihrerseits dem Volke zu predigen und in 30 den katholischen Schulen zu unterrichten. […]
Nicht nur an den Orten selbst, wo wir eine Niederlassung haben, sondern auch in das betreffende Hinterland wären die tüchtigsten Scholastiker auszuschicken, um an Sonn- und Festtagen Chris- 35 tenlehre zu halten. Auch auswärtige Schüler, die sich dazu eignen, könnten vom Rektor mit der gleichen Aufgabe betraut werden. Wenn zur Lehre das gute Beispiel kommt und jeder Schein von Habsucht vermieden wird, ließe sich der stärkste 40 Angriffsgrund der Neuerer entkräften, nämlich der Hinweis auf das schlechte Leben und die Unwissenheit der katholischen Kirchendiener.
Da ferner die Neuerer häufig Broschüren und Flugschriften verbreiten, durch die sie der Katho- 45 liken und besonders unser, der Jesuiten, Ansehen zu untergraben und einige falsche Glaubenslehren auszustreuen suchen, scheint es zweckmäßig, dass auch die Unsrigen zur Abwehr einige Verteidigungsschriften oder Traktate herausgeben, und 50 zwar gut und kurz geschriebene, damit sie schnell zur Stelle sind und von vielen gekauft werden können. Damit ließe sich nicht nur dem Übel abhelfen, das die Gegner durch ihre Schriften anrichten, sondern es wäre zugleich etwas zur 55 Massenverbreitung der gesunden Lehre getan, wenn man bescheiden, aber lebendig, die Irrgänge oder Schliche der Neuerer aufdeckt. […] Sie [die Schriften] müssen jedoch von gelehrten und in der Theologie beschlagenen Männern verfasst 60 und dabei doch der Fassungskraft der breiten Massen angepasst sein.
Durch die genannten Mittel könnte man unseres Erachtens der Kirche einen wertvollen Dienst erweisen und zugleich schnell und an vielen Orten 65 den Anfängen des Übels entgegentreten, bevor das Gift so weit eingedrungen ist, dass es sich nur schwer mehr aus den Herzen entfernen lässt. Entfalten wir jenen Eifer zur Heilung, den die Neuerer zur Ansteckung des Volkes aufbieten! Wir haben 70 auf unserer Seite, was ihnen fehlt: die gesunde und deshalb dauerhafte Lehre.

Deutsche Geschichte in Quellen und Darstellung, Bd. 3, hrsg. von Ulrich Köpf, Stuttgart 2001, S. 467 ff.

M 21 Jesuitenschule St. Salvator in Augsburg von 1581/84
Mit Gymnasium, Kirche, Lyzeum und Kolleggebäude

Augsburger Religionsfriede – Textquelle und Karte erschließen

M 22 **Augsburger Religionsfriede**

In Form eines Reichsabschieds wurde die Beilegung der Religionskämpfe verkündet (1555):

[§ 15] Und damit sölcher Fried auch der spaltigen [gespaltenen] Religion halben, wie […] die hohe Notturft [Notwendigkeit] des heiligen Reichs Teutscher Nation erfordert, […] so sollen die Kei.
5 Mai. [Kaiserliche Majestät], wir, auch Churfürsten, Fürsten und Stende des heil. Reichs keinen Stand des Reichs von wegen der Augspurgischen Confession und derselbigen Lehr, Religion und Glaubens halb mit der Tat gewaltiger Weiß [mit
10 Gewalt] uberziehen, beschedigen, vergewaltigen oder in andere Wege wider sein […] und soll die streitig Religion nicht anderst, dann durch Christliche freundliche, friedliche Mittel und Wege zu einhelligem, Christlichem Verstand und Verglei-
15 chung gepracht werden, alles bei Kei. und Kö. Würden, Fürstlichen Ehren, waren Worten und Peen [Strafe] des Lantfriedens. […]

[§ 17] Doch sollen allen andere, so obgemelten bede [oben genannten beiden] Religionen nit
20 anhängig, in diesem Frieden nit gemeint, sondern genzlich ausgeschlossen sein.[1] […]

[§ 24] Wo aber unsere, auch der Churfürsten, Fürsten und Stende Untertonen, der alten Religion oder Augspurgischen Confession anhengig, von
25 sölcher irer Religion wegen aus unsern, auch der Churfürsten, Fürsten und Stende des heil. Reichs Landen, Fürstentumben, Stetten oder Flecken mit iren Weib und Kindern an andere Ort ziehen und sich nider tun wölten, denen sol solcher Ab- und
30 Zuzug […] unverhindert meniglichs zugelassen und bewilligt […] sein. […]

[§ 27] Nachdem aber in vielen Frei- und Reichsstetten die bede Religionen, nemlich unser alte Religion und der Augspurgischen Confession Ver-
35 wandten Religion ein Zeit hero im Gang und Geprauch gewesen, so sollen dieselbigen hinfüro auch also pleiben und in denselbigen Stetten gehalten werden, und derselben Frei- und Reichsstet Burger und andere Einwohner, geistlich und
40 weltlichs Stands, friedlich und ruhig bei und neben einander wonen, und kein Teil des anderen Religion, Kirchengepreuch oder Cerimonien abzutun oder ine darvon zu tringen understen, sonder jeder Teil den andern laut dieses Friedens
45 bei solcher seiner Religion […] ruwiglich und friedlich bleiben lassen.

1 Gemäß § 17 galt der Religionsfriede nicht für Täufer und andere Sekten.

Nach: Arno Buschmann, Kaiser und Reich, Baden-Baden 1994, S. 224 ff.

M 23

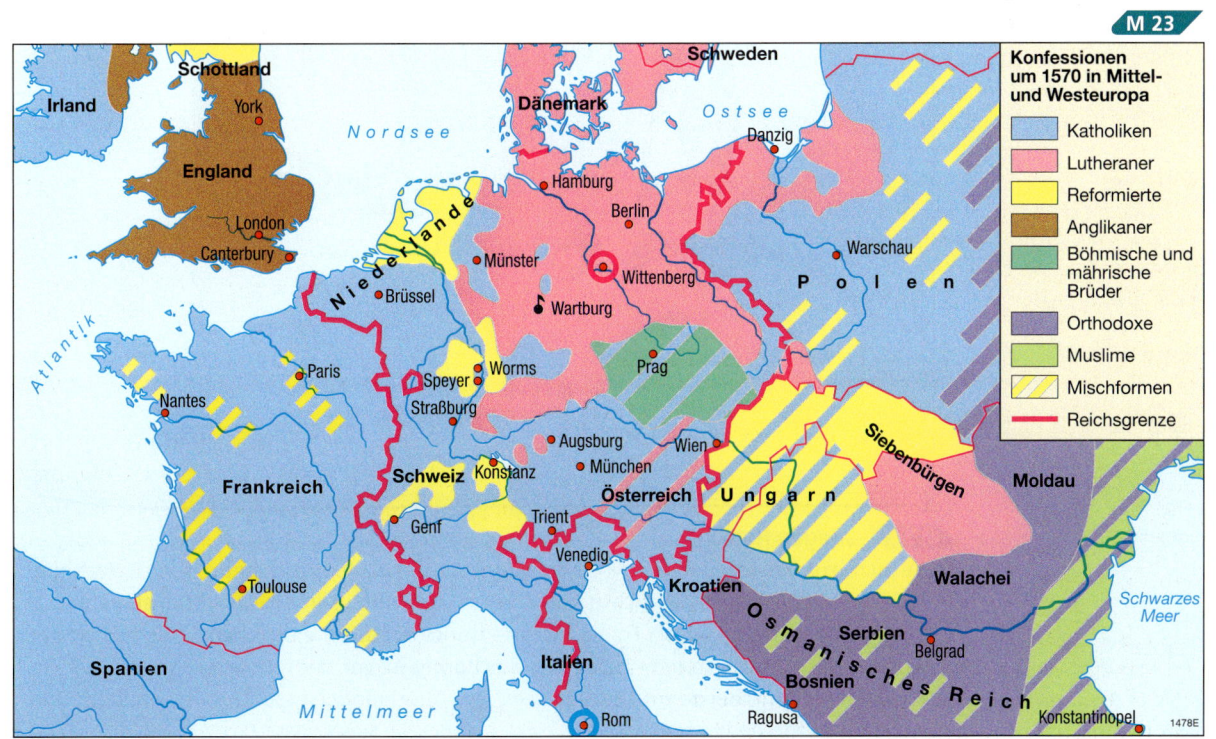

Konfessionen um 1570 in Mittel- und Westeuropa

- Katholiken
- Lutheraner
- Reformierte
- Anglikaner
- Böhmische und mährische Brüder
- Orthodoxe
- Muslime
- Mischformen
- Reichsgrenze

Der Umgang mit Martin Luther in Geschichte und Gegenwart – Mit Bildern arbeiten

M 24 „Gegen Rom"

Die 1875 zur Einweihung des Hermannsdenkmals in der politisch-satirischen Zeitschrift „Kladderadatsch" veröffentlichte Karikatur setzt Arminius in eine Traditionslinie mit Martin Luther: Beide waren Feinde Roms – der eine besiegte den römischen Kaiser, der andere widersetzte sich dem Papst. Die Zeichnung ist vor dem Hintergrund des 1871 in Deutschland beginnenden Kulturkampfes, der Auseinandersetzung zwischen Staat und katholischer Kirche, zu sehen.

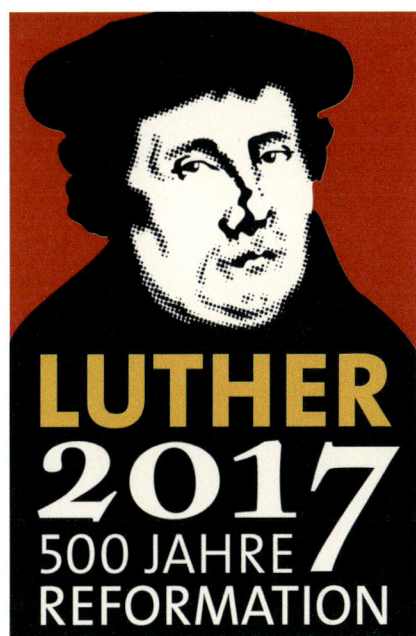

M 25 Plakat
zum „Lutherjahr" 2017

M 26 Lutherdenkmal
auf dem Wittenberger Marktplatz, entworfen
von Johann Gottfried Schadow. Der preußische
König Friedrich Wilhelm III. entschied 1817, das
Denkmal aufstellen zu lassen. Am Reformations-
tag 1821 wurde es eingeweiht.

Aufgaben

1. Erschließen Sie mithilfe der auf Seite 29 vorgestellten Verfahren den Schulbuchtext „Das Zeitalter der Reformation". → Text
2. Arbeiten Sie heraus, wie das Papsttum in den
   einzelnen Quellen beurteilt wird, und vergleichen Sie die drei Sichtweisen.
   → M10–M12
3. Ermitteln Sie anhand der Quellenauszüge zentrale Aspekte der Lehre Luthers.
   → M13–M15
4. Verfassen Sie auf der Grundlage der Materialien
   auf den Seiten 78 und 79 einen Schulbuchtext.
   → M16– M19
5. a) Zeigen Sie auf, welches Verhalten gegen-
      über den Protestanten Ignatius von Loyola
      vorschlägt.

   b) Diskutieren Sie die Vorstellungen des Grün-
      ders des Jesuitenordens.
      → M20
6. a) Erläutern Sie die in Auszügen wiedergege-
      benen Regelungen des Augsburger Religi-
      onsfriedens von 1555.
   b) Skizzieren Sie anhand der Geschichtskarte
      das Kräfteverhältnis der Religionen in Mit-
      tel- und Westeuropa nach dem Augsburger
      Religionsfrieden.
      → M22, M23
7. Kennzeichnen Sie die aufgeführten Beispiele
   zum Umgang mit Martin Luther und erläutern
   Sie, welches Bild von ihm jeweils vermittelt werden soll.
   → M24–M26

Umgang mit wissenschaftlichen Darstellungen

Wissenschaftliche Darstellungen fassen die aus den Quellen gewonnenen Erkenntnisse zusammen und präsentieren sie beispielsweise einem Fachpublikum oder einer interessierten Öffentlichkeit. Als Textform kommen Auszüge aus wissenschaftlichen Veröffentlichungen, Essays oder Beiträge für Zeitungen oder Zeitschriften, aber auch die schriftliche Fassung eines Vortrages in Frage.

Der erste Schritt der Arbeit mit wissenschaftlichen Darstellungen ist deren Analyse. Auf dieser Grundlage kann dann eine Beurteilung bzw. kritische Auseinandersetzung erfolgen.

Fragen an wissenschaftliche Darstellungen

1. Autor, Adressat, Ort und Zeitpunkt der Veröffentlichung

a) Wer ist Heinz Schilling? Welche Rückschlüsse ergeben sich aus der Person des Autors für die Art des Textes?
b) An wen richten sich die Ausführungen?

2. Thema

a) Wie lautet die Überschift des Textes?
b) Wie lautet die Antwort von Heinz Schilling?

3. Gedankliche Struktur und Inhalt des Textes

a) Wie ist der Text gegliedert?
b) Welches sind die Hauptaussagen bzw. Argumente des Autors?

4. Intention

a) Welche Absicht verfolgt der Autor (zum Beispiel Verbreiten eigener Erkenntnisse, einer politischen Position, Versuch, Gegner oder Freunde zu überzeugen oder zu überreden, Abgrenzung gegen eine andere Position, Vermitteln zwischen verschiedenen Positionen)?

5. Sprache

a) In welcher (sprachlichen) Form werden die Inhalte präsentiert (fachwissenschaftlich-argumentativ, populär-wissenschaftlich darstellend, für eine bestimmte Position werbend, zustimmend oder sich gegen eine andere Position abgrenzend)?

6. Beurteilung

a) Wie wirken die Ausführungen (überzeugend, Widerspruch erregend, polarisierend)?
b) Sind die Aussagen des Verfassers sachlich fundiert und stichhaltig?
c) Stimmen Sie seiner Position zu? Begründen Sie ihre Meinung.

M 1 1500 – Eine Zeitenwende?

Der Historiker Heinz Schilling schreibt in seinem Buch „Die neue Zeit. Vom Christenheitseuropa zum Europa der Staaten 1250 bis 1750" (1999):

Die neue Zeit Europas zog zwischen 1250 und 1750 herauf [...]. Die als „neue Zeit" begriffenen Jahrhunderte sind gleichsam rittlings auf der vertrauten Epochengrenze zwischen Mittelalter und
5 Neuzeit angesiedelt. [...]

Diese neue Epochenperspektive, die quer zu der Einteilung der meisten Überblicksdarstellungen liegt, ist längst überfällig, denn alle Kenner der alteuropäischen Geschichte sind sich heute im
10 Wesentlichen einig, dass weder im Kontext der einzelnen Partikular- oder Nationalgeschichten noch aus gesamteuropäischer Sicht von einem tiefen Einschnitt zwischen Mittelalter und Neuzeit die Rede sein kann. [...]

15 Die Geschichtswissenschaften mit ihren neuen Methoden und Fragestellungen, so das Ergebnis, vor dem die historisch-politische Kultur in Europa heute steht, leugnen den Einbruch des Neuen im späten 15. und frühen 16. Jahrhundert nicht, ord-
20 nen ihn aber in einen längerfristigen Wandel ein. Das gilt für jede der vier großen Wenden, mit denen üblicherweise der Beginn der Neuzeit markiert wird: die Entdeckung Amerikas, die Reformation, die kopernikanische Wende in den Wis-
25 senschaften und der Aufstieg des frühmodernen, institutionalisierten Flächenstaates, der die strukturelle Ordnung des Kontinents bis heute maßgeblich prägt. Jede dieser Wandlungen, die Leben und Denken der Menschen auf lange Sicht
30 umpflügten und bis heute den Kontinent tief prägen, wird einerseits an ihre spätmittelalterlichen Vorbedingungen angebunden, andererseits wird sie in ihrer unmittelbaren Konsequenz für die alltäglichen Lebensbedingungen und Denkgewohn-
35 heiten für die Zeitgenossen selbst relativiert.

So erscheint uns heute der geografische Umsturz der Entdeckung Amerikas durch Kolumbus im Jahre 1492 als Höhepunkt jahrhundertelangen Nachdenkens über und jahrzehntelangen Experimen-
40 tierens mit den Gesetzen der bekannten „alten" Welt. Und Kolumbus, der wagende Nautiker und Abenteurer, tritt immer deutlicher als Mensch des Mittelalters hervor. Was sollte er, wenn wir uns unvoreingenommen fragen und die Fortschrittsfi-
45 xierung ablegen, auch anderes gewesen sein? Und was die Folgen seiner Entdeckung anbelangt, so haben Wirtschaftshistoriker stets darauf hingewiesen, dass sie erst seit Mitte des 16. Jahrhunderts zum Tragen kamen. [...] Die wirtschaftsge-
schichtliche Relativierung der Entdeckung Ameri- 50
kas wird durch ähnliche Bedenken der Ethnologen und Mentalitätshistoriker ergänzt. Sie weisen darauf hin, dass noch auf Generationen hin die bereits im Mittelalter bekannten Kontinente Asien und Afrika für die meisten Europäer zumin- 55
dest genauso faszinierend waren wie die Neue Welt. Und das, was das Neue dieses für Europa entdeckten Kontinents ausmachte, die anderen Menschen und Völker sowie die geheimnisvolle Tier- und Pflanzenwelt oder die Geografie Ameri- 60
kas, wurde den Europäern nur langsam bekannt oder gar vertraut. [...]

Ähnlich verhält es sich mit dem theologischen Umsturz der Reformation, den die Deutschen über Jahrhunderte hin stolz nahezu ausschließlich 65
ihrem Hercules Germanicus, dem Wittenberger Augustinermönch und Theologieprofessor Dr. Martin Luther, zurechneten. Luthers Entdeckung „sola fide" – „allein durch den Glauben" – erscheint zunehmend als ein Moment, wenn auch 70
sicherlich ein ganz entscheidender, innerhalb der mehrere Jahrhunderte umfassenden „Zeit der Reformationen". Immer deutlicher tritt die Leistung der Vorläufer hervor, John Wyclif in England und Jan Hus in Böhmen, und auch die der Zeitge- 75
nossen und Mitstreiter: Zwingli in Zürich, Bucer in Straßburg, Calvin in Genf, Pier Vermigli in Italien, eine ganze Phalanx von Mitreformatoren in Deutschland. [...] Auch war es keineswegs so, dass die tief im Mittelalter wurzelnde alteuropäische 80
„Zeit der Reformationen" bereits Mitte des 16. Jahrhunderts endete, wie das eine an Deutschland und am Augsburger Religionsfrieden von 1555 orientierte protestantische Geschichtsschreibung traditionell darstellt. Im Gegenteil: In den Siebzi- 85
ger- und Achtzigerjahren setzte die wirkliche Durchdringung Europas mit den Ideen der Reformatoren erst richtig ein. Und für diesen Prozess ist eine weitere Neuentdeckung wichtig: Den protestantischen „Häretiker"-Reformatoren sind die tri- 90
dentinischen Reformatoren des Katholizismus zur Seite zu stellen, allen voran Ignatius von Loyola, der Begründer des so erfolgreichen Jesuitenordens. [...]

Die auf Heroen bezogene, hagiografische Sicht 95
des 19. Jahrhunderts, nach der Luther und Kolumbus einen revolutionären Umbruch ausgelöst und dadurch ein neues Zeitalter heraufgeführt hätten, überzeugt heute nicht mehr.

Heinz Schilling, Die neue Zeit. Vom Christenheitseuropa zum Europa der Staaten 1250 bis 1750, Berlin 1999, S. 10–13.

Fragebogen zum Kapitel: Die Welt im 15. und 16. Jahrhundert

Hinweis: Der folgende Fragebogen dient der Selbsteinschätzung der erworbenen Kenntnisse und Fähigkeiten. Die Auflistung erhebt nicht den Anspruch, vollständig zu sein. Es handelt sich vielmehr um eine

Ich …	… bin sicher. ☺ ☺	… bin ziemlich sicher. ☺	… bin noch unsicher. ☺ ☺	… habe große Lücken. ☹ ☹
… kann den politischen Aufbau des Heiligen Römischen Reiches Deutscher Nation erläutern.				
… kann das frühkapitalistische Wirtschaftssystem charakterisieren.				
… kann die Bedeutung der Familie der Medici erläutern.				
… kann den Begriff „Renaissance" erklären.				
… kann den Wandel des Weltbildes zu Beginn der Frühen Neuzeit erläutern und an Beispielen belegen.				
… kann das koloniale Herrschaftssystem der Spanier charakterisieren.				
… kann das Reich der Azteken als Hochkultur charakterisieren.				
… kann wichtige Elemente der Lehre des Reformators Martin Luther nennen und erläutern.				
… kann Ursachen, Verlauf und Ergebnisse der Reformation unterscheiden.				
… kann Zeugnisse der Geschichtskultur nennen und charakterisieren sowie in ihrer Funktion erläutern.				
… kann ein Gruppenpuzzle anwenden.				
… kann eine Geschichtskarte methodengerecht analysieren.				
… kann ein historisches Gemälde methodengerecht interpretieren.				
…				

Auswahl, die ggf. erweitert werden kann. In der Spalte rechts finden Sie Hinweise, wie Sie durch Üben, Wiederholen und Festigen vorhandene Unsicherheiten oder Lücken beseitigen können. Anregung: Nutzen Sie die Vorlage, um dem eigenen Unterrichtsverlauf entsprechend weitere Fragen zur Selbsteinschätzung sowie selbst formulierte Empfehlungen und Anregungen hinzuzufügen.

Auf diesen Seiten können Sie in HORIZONTE nachlesen	Empfehlungen zur Übung, Wiederholung und Festigung
24/25 26–28 29	Nutzen Sie die Darstellung im Schulbuch und die Ausführungen des Historikers Hagen Schulze (S. 26–28) und erschließen Sie die Texte mithilfe der in den methodischen Hinweisen (S. 29) angegebenen Verfahren.
34–36	Legen Sie hierzu einen Stichwortzettel an (mit Begriffen wie Verlagswesen, Buchführung, Bankwesen etc.) und verfassen Sie auf dieser Grundlage eine kurze schriftliche Darstellung.
35/36 38/39	Umreißen Sie den Aufstieg der Medici. Nennen Sie drei wichtige Vertreter der Familie Medici und kennzeichnen Sie deren Leistungen und Bedeutung. Ziehen Sie ggf. den Stammbaum der Familie (S. 38) heran.
44–46	Definieren Sie in knapper schriftlicher Form den Begriff „Renaissance". Nennen Sie einige wichtige Vertreter und erklären Sie deren Leistung bzw. Bedeutung (Kurzvortrag).
44–46 47 48/49 52/53	Beziehen Sie sich beispielsweise auf den Wandel vom ptolemäischen zum kopernikanischen Weltbild, auf das neue empirische Wissenschaftsverständnis oder die Neuerungen in der europäischen Malerei und erläutern Sie jeweils die Bedeutung.
55–58 61–64	Legen Sie zum Schulbuchtext (S. 56–58) sowie zu den Materialien einen Stichwortzettel an.
54–57 60	Stellen Sie mit Bezug auf das Aztekenreich in einer Übersicht Merkmale einer Hochkultur zusammen und erläutern Sie diese.
69–71 77	Erarbeiten Sie die Elemente der Lehre Luthers mithilfe des Schulbuchtextes (S. 69–71) und anhand der Quellen (S. 77).
68–74 76/77 80/81	Legen Sie auf der Grundlage des Schulbuchtextes sowie der entsprechenden Quellen eine kommentierte Zeitleiste an.
78/79 82/83	Suchen Sie die Beispiele für den Umgang mit der Person Luthers in der Geschichtskultur, die im Schulbuch vorhanden sind, heraus (Denkmal, Historiengemälde, Jubiläum) und verfassen Sie jeweils kurze erläuternde bzw. kommentierende Texte hierzu.
75 76/77 80/81	Nutzen Sie zur Übung die Hinweise im Schulbuch (S. 75) und führen Sie ein Gruppenpuzzle durch.
92	Verwenden Sie das Methodenkompendium (S. 92) und üben Sie die Methode an einem ausgewählten Beispiel aus dem Schulbuch.
42/43	Verwenden Sie die entsprechende Methodenseite (S. 42/43) und interpretieren Sie ein beliebig ausgewähltes Beispiel aus diesem Schulbuchkapitel.

Operatoren und ihre Zuordnung nach den Anforderungsbereichen I, II und III

Operator	Beschreibung der erwarteten Leistung
ANFORDERUNGSBEREICH I	
beschreiben	strukturiert und fachsprachlich angemessen Materialien vorstellen und/oder Sachverhalte darlegen
gliedern	einen Raum, eine Zeit oder einen Sachverhalt nach selbst gewählten oder vorgegebenen Kriterien systematisierend ordnen
wiedergeben	Kenntnisse (Sachverhalte, Fachbegriffe, Daten, Fakten, Modelle) und/oder (Teil-)Aussagen mit eigenen Worten sprachlich distanziert, strukturiert und damit unkommentiert darstellen
zusammenfassen	Sachverhalte auf wesentliche Aspekte reduzieren und sprachlich distanziert, strukturiert und unkommentiert wiedergeben
ANFORDERUNGSBEREICH II	
analysieren	Materialien, Sachverhalte oder Räume kriterienorientiert oder aspektgeleitet erschließen und strukturiert darstellen
charakterisieren	Sachverhalte in ihren Eigenarten beschreiben, typische Merkmale kennzeichnen und diese dann gegebenenfalls unter einem oder mehreren bestimmten Gesichtspunkten zusammenführen
einordnen	begründet eine Position/Material zuordnen oder einen Sachverhalt begründet in einen Zusammenhang stellen
erklären	Sachverhalte so darstellen – gegebenenfalls mit Theorien und Modellen –, dass Bedingungen, Ursachen, Gesetzmäßigkeiten und/oder Funktionszusammenhänge verständlich werden
erläutern	Sachverhalte in ihren komplexen Beziehungen an Beispielen und/oder Theorien verdeutlichen (auf Grundlage von Kenntnissen bzw. Materialanalyse)
herausarbeiten	Materialien auf bestimmte, explizit nicht unbedingt genannte Sachverhalte hin untersuchen und Zusammenhänge zwischen den Sachverhalten herstellen
in Beziehung setzen	Zusammenhänge zwischen Materialien und Sachverhalten aspektgeleitet und kriterienorientiert herstellen und erläutern
nachweisen	Materialien auf Bekanntes hin untersuchen und belegen
vergleichen	Gemeinsamkeiten, Ähnlichkeiten und Unterschiede von Sachverhalten kriterienorientiert darlegen

Operator	Beschreibung der erwarteten Leistung
	ANFORDERUNGSBEREICH III
beurteilen	den Stellenwert von Sachverhalten oder Prozessen in einem Zusammenhang überprüfen, um kriterienorientiert zu einem begründeten Sachurteil zu gelangen
entwickeln	zu einem Sachverhalt oder zu einer Problemstellung eine Einschätzung, ein konkretes Lösungsmodell, eine Gegenposition oder ein Lösungskonzept inhaltlich weiterführend und/oder zukunftsorientiert darlegen
erörtern	zu einer vorgegebenen Problemstellung eine reflektierte, abwägende Auseinandersetzung führen und zu einem begründeten Sach- und/oder Werturteil kommen
interpretieren	Sinnzusammenhänge aus Quellen erschließen und eine begründete Stellungnahme abgeben, die auf einer Analyse, Erläuterung und Bewertung beruht
Stellung nehmen	Beurteilung mit zusätzlicher Reflexion individueller, sachbezogener und/oder politischer Wertmaßstäbe, die Pluralität gewährleistet und zu einem begründeten eigenen Werturteil führt
überprüfen	Inhalte, Sachverhalte, Vermutungen oder Hypothesen auf der Grundlage eigener Kenntnisse oder mithilfe zusätzlicher Materialien auf ihre sachliche Richtigkeit bzw. auf ihre innere Logik hin untersuchen

Methodenkompendium

In Geschichte kommt es nicht nur auf das Wissen an, sondern auch und vor allem darauf, einschlägige Materialien auswerten zu können. Im Zentrum stehen dabei die Quellen, also jene Überreste, die uns Aufschluss über die Vergangenheit geben. Dabei kann man u. a. schriftliche, bildliche und gegenständliche Quellen unterscheiden. Daneben ist es wichtig, Geschichtskarten richtig lesen und Statistiken auswerten zu können.

Arbeit mit Textquellen

Textquellen bzw. schriftliche Quellen sind für die wissenschaftliche Forschung zentral. Unter den Begriff Textquelle fallen die verschiedensten Gattungen: Notizen, Tagebuchaufzeichnungen oder Lebenserinnerungen ebenso wie erzählerische Werke, Reden oder politische Programme. Die Fragestellungen und das Vorgehen des Historikers müssen daher immer wieder an die vorhandenen Texte angepasst werden. Jedoch gibt es einige grundlegende Regeln bei der Analyse, die für alle diese Quellen relevant sind.

Arbeitsschritte und Fragestellungen zur Interpretation von Textquellen

1. **Die Textquelle durchlesen und den Inhalt verstehen**
   - Was ist das Thema der Quelle?
   - Welche Bedeutung haben unbekannte Begriffe?
   - Was ist die zentrale Aussage?
   - Um welche Textgattung handelt es sich?
   ...

2. **Die Entstehung und Überlieferung der Textquelle klären**
   - Wann ist die Quelle entstanden?
   - Wer hat sie verfasst?
   - Wie wurde sie überliefert?
   - Gab es Kürzungen oder Überarbeitungen?
   - Gibt es vergleichbare Quellen?
   ...

3. **Den Kontext und die historischen Bezüge der Textquelle erläutern**
   - In welcher Situation spielte die Quelle eine Rolle?
   - An wen war die Quelle gerichtet?
   - Welche Wirkung hatte sie?
   - Welche Anspielungen auf die damalige Situation sind feststellbar?
   ...

4. **Die Textquelle zusammenfassend interpretieren**
   - Welche Bedeutung hatte die Quelle für die damalige Zeit?
   - Welche Bedeutung hat die Quelle für unser heutiges Wissen über die damalige Situation?
   - Lässt sich ihre Aussage mithilfe anderer Quellen erhärten?
   ...

Arbeit mit Bildquellen und gegenständlichen Quellen

Bildquellen wurden erst nach und nach für die Geschichtswissenschaft interessant, und sie gewinnen vor allem für die neueren Geschichtsepochen eine immer größere Bedeutung. Für die geschichtliche Betrachtung des 20. Jahrhunderts spielt die Fotografie eine herausragende Rolle, aber der Begriff der Bildquelle schließt ebenso Höhlenmalereien wie 3D-Simulationen ein, Gemälde, Plakate und Karikaturen ebenso wie Comics. Bei Szenenbildern aus Filmen – sogenannten Stills – ist der Übergang zum Film fließend. Die wichtigsten Arbeitsschritte beim Umgang mit Bildquellen und mögliche Fragestellungen, die jedoch immer der jeweiligen Bildquelle angepasst werden müssen, sind unten aufgelistet.

Bei gegenständlichen Quellen lassen sich im Prinzip die gleichen Arbeitsschritte anwenden. Hier ist allerdings zu bedenken, dass die Vielfalt noch sehr viel größer ist: Sie reicht vom Knochenfund bis hin zu einem Denkmal, das selbst wieder schriftliche und bildliche Quellen enthalten kann und bei dem auch der Ort, an dem es steht, eine zentrale Rolle spielt.

Arbeitsschritte und Fragestellungen zur Interpretation von Bildquellen

1. Die Bildquelle auf sich wirken lassen und den ersten Eindruck formulieren	– Welche Stimmung vermittelt die Bildquelle? – Was fällt mir zuerst auf? – Was erregt mein Interesse? Was irritiert mich? …
2. Die Entstehung und Überlieferung der Bildquelle klären	– Wann und wie ist die Bildquelle entstanden? – Wie groß ist die Bildquelle? – Liegt das Original oder eine Bearbeitung bzw. ein Ausschnitt vor? – Wie wurde die Quelle überliefert? – Gibt es vergleichbare Quellen? …
3. Die einzelnen Elemente der Bildquelle beschreiben	– Was ist im Einzelnen zu sehen? – Wie ist es dargestellt? – Was befindet sich an welcher Stelle in der Quelle? …
4. Die einzelnen Elemente der Bildquelle entschlüsseln	– Wer sind die eventuell abgebildeten Figuren? – Welche Bedeutung haben die Farben? – Welche Bedeutung hat der Bildaufbau? …
5. Den Kontext und die historischen Bezüge der Bildquelle erläutern	– In welcher Situation spielte die Quelle eine Rolle? – An wen war die Quelle gerichtet? – Welche Wirkung hatte sie? – Welche Anspielungen auf die damalige Situation sind feststellbar? …
6. Die Bildquelle zusammenfassend interpretieren	– Welche Bedeutung hatte die Quelle für die damalige Zeit? – Welche Bedeutung hat die Quelle für unser heutiges Wissen über die damalige Situation? – Lässt sich ihre Aussage mithilfe anderer Quellen erhärten? …

Arbeit mit historischen Karten und Geschichtskarten

Historische Karten sind Quellen, die Aufschluss vor allem über das geografische Wissen früherer Zeiten geben. Geschichtskarten sind – wie wissenschaftliche Darstellungen – zusammenfassende Darstellungen gesicherten Wissens in kartografischer Form. Neben der geografischen Orientierung enthalten sie eine Fülle von weiteren Informationen, etwa zu Ereignissen, Gebietsveränderungen oder Handelsbeziehungen. Richtig gelesen, offenbaren sie einen interessanten Einblick in vergangene Zeiten. Geschichtskarten können dabei selbst zu historischen Karten werden. So spiegeln sich zum Beispiel in Wandkarten aus der Zeit vor der Wiedervereinigung die deutsche Teilung und der Kalte Krieg wider.

Die wichtigsten Arbeitsschritte beim Umgang mit historischen Karten oder Geschichtskarten und mögliche Fragestellungen, die jedoch immer der jeweiligen Karte angepasst werden müssen, sind unten aufgelistet.

Arbeitsschritte und Fragestellungen zur Interpretation von Karten

1. Die Karte genau betrachten und sich orientieren
- Was ist das Thema der Karte?
- Welcher Ausschnitt wurde gewählt?
- Welcher Maßstab liegt zugrunde?
- Was steht in der Legende?
- ...

2. Die Entstehung und Überlieferung der historischen Karte klären
- Wann ist die Karte entstanden?
- Wer hat sie gestaltet?
- Wie wurde sie überliefert?
- Gibt es vergleichbare Quellen?
- ...

3. Die Karte inhaltlich erschließen
- Um welche Art von Karte (Wirtschaftskarte, politische Karte usw.) handelt es sich?
- Welcher Zeitraum liegt zugrunde?
- Ist es eine statische Karte, die einen Zustand, oder eine dynamische Karte, die eine Entwicklung wiedergibt?
- Welche Gebiete sind abgebildet?
- ...

4. Die Karte kritisch betrachten
- Übt die farbliche Gestaltung eine bestimmte Wirkung aus?
- Verändert sich der Eindruck bei der Wahl eines anderen Ausschnitts?
- Wie ist die Überschrift bzw. der Titel formuliert?
- ...

5. Die historische Karte zusammenfassend interpretieren
- Welche Bedeutung hatte die Karte für die damalige Zeit?
- Welche Bedeutung hat die Karte für unser heutiges Wissen über die damalige Situation?
- ...

Arbeit mit statistischen Darstellungen

Zahlenreihen, Rechnungen und Bilanzen sind seit Langem überliefert und können als schriftliche Quellen verstanden werden. Die systematische Sammlung, Aufbereitung und Auswertung von Daten ist eine Errungenschaft des „statistischen Zeitalters", das im 19. Jahrhundert begann. Statistiken aus früheren Zeiten beruhen zumeist auf Schätzungen. Ältere Statistiken können durchaus als Quellen verstanden werden, während neuere Statistiken zu historischen Entwicklungen mitunter aus zeitgenössischen Daten eigens zusammengestellt wurden. Die Präsentationsform kann dabei sehr unterschiedlich ausfallen: von tabellarischen Übersichten über Kurven bis hin zu komplexen Schaubildern.

Die wichtigsten Arbeitsschritte beim Umgang mit Statistiken und mögliche Fragestellungen, die jedoch immer der jeweiligen Statistik angepasst werden müssen, sind unten aufgeführt.

Arbeitsschritte und Fragestellungen zur Interpretation von Statistiken

1. Die Statistik genau betrachten und die Grundlagen klären
- Was ist das Thema der Statistik?
- Welche Darstellungsform wurde gewählt?
- Welche Daten liegen zugrunde?
- Was bedeuten die verwendeten Begriffe?
  …

2. Die Entstehung und Überlieferung der Statistik klären
- Wann ist die Statistik entstanden?
- Wer hat sie zusammengestellt?
- Wie wurde sie überliefert?
- Gibt es vergleichbare Statistiken?
  …

3. Die Statistik inhaltlich erschließen
- Welcher Zeitraum liegt zugrunde?
- Welche Daten werden aufgeführt und welche werden in Beziehung zueinander gesetzt?
- Welche Einheiten werden verwendet?
  …

4. Die Statistik kritisch betrachten
- Ist die Datengrundlage ausreichend?
- Sind die Zahlenwerte belastbar?
- Fehlen wichtige Aspekte?
- Ist der Zeitraum schlüssig gewählt?
- Ist die grafische Darstellung akzeptabel?
  …

5. Die Statistik zusammenfassend interpretieren
- Welche Bedeutung hatte die Statistik für die damalige Zeit?
- Welche Bedeutung hat die Statistik für unser heutiges Wissen über die damalige Situation?
- Lässt sich die Aussage der Statistik mithilfe anderer Quellen erhärten?
  …